3人の事業承継士®が現場で見つけた秘訣集

これから事業承継に取り組むためのABC

事業承継センター株式会社

内藤　博
代表取締役CEO・事業承継士・中小企業診断士

金子　一徳　［著］
取締役COO・事業承継士・中小企業診断士

東條　裕一
取締役CMO・事業承継士・中小企業診断士

税務経理協会

はじめに

　前著「いちばん優しい事業承継の本」が2010年12月に出版されてから，事業承継を支援する専門家は，急激に増加していった。

　さらに，世の中は，想像以上のスピードで「多死社会」へ突入した。毎年130万人以上が亡くなり，それが10年以上続く。この中には，現役の経営者も含まれている。現社長の年齢も上がり続け，後継者は事業承継を待ちくたびれて，独立する人も出る状況となった。

　こうした社会の変化は政治と法律を変え，行政も事業承継の支援を行うことが，さらに重要課題となった。

　政府は，経営承継円滑化法と事業承継税制の改正を繰り返したが，ついに2016年12月に，事業承継ガイドラインの大幅な改定に踏み切った。

　私は，この改訂委員会に中小企業庁から招聘され改訂作業に参加した。また，自由民主党本部で行われた事業承継小委員会での発表も行った。

　それらの経験を踏まえ本書では，中小企業庁の支援の方向を捉えて，真正面から現場の状況を反映して執筆を行い，支援内容の進化に合わせた最新情報の記載を重視した。

　法律や制度の調査と確認は，「事業承継士の金子一徳」が丁寧に解説を行っている。

　また，後継者に関する部分は，最重要テーマといえる。そこで，後継者塾の塾頭で中小企業庁長官賞を受賞した「事業承継士の東條裕一」が後継者教育を実践する現場からの意見として，その重要性を喚起している。

　本書は，中小企業庁財務課の作成したパンフレット**「会社を未来につなげる　10年先の会社を考えよう」**を十分に参照した。手前ミソになるが，このパンフレットは完成度が非常に高く，事業承継相談の現場では，事業承継士必携の参考資料になっている。読者諸兄も中小企業庁の発信する事業承継に関する最新情報を，常に意識することをお勧めする。

　本書は，事例部分を前作から引き写しているが，各部を大幅に改訂して

いるので，今一度読み返して，理解を深めていただきたい。

この参考資料は，中小企業庁財務課が2017年3月に発行した。中小企業庁のホームページから全文ダウンロードが可能だ。

2017年8月
　　　事業承継センター株式会社　代表取締役CEO・事業承継士　内　藤　博

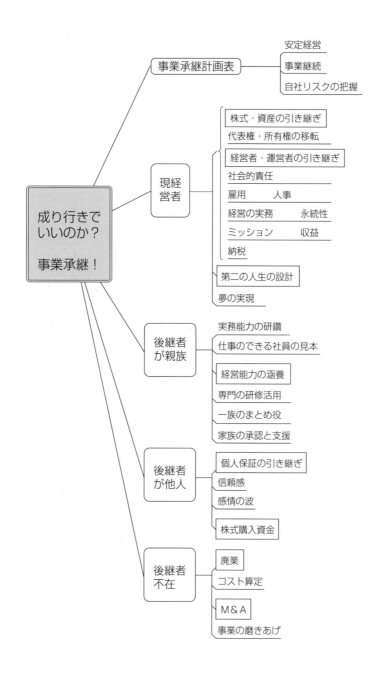

目　次

はじめに

序　章　本書の活用方法

　1．天皇陛下の退位とともに，平成は30年で終わります ………… 1
　2．今後の金融機関対応で不可欠になること ………………………… 1
　3．本書の活かし方 …………………………………………………… 4

第1章　家族会議からはじめる事業承継 ………………………… 7

第1節　ハッピーリタイアプランへの道筋 ……………………… 7

　1．事業承継は，自分が「引退する日」を決めることから始まります。 ……………………………………………………… 7
　2．日本全国では，どのように事業承継が行われているのでしょうか？ ………………………………………………………… 8
　3．中小企業にとって，事業承継は『一家と一族』の重大事です。 ………………………………………………………………… 9
　4．事業承継は，後継者への代表交代と，財産のバトンタッチを同時に行うことです。 ………………………………………… 10
　5．親子の人間関係は，「言わなくても，わかっているつもり」がいちばん危険です。 …………………………………………… 11
　6．家族会議という機能の復活を！ ………………………………… 12
　7．一族が跡継ぎになるパターンは減る傾向ですが，全体の半数くらいです。 …………………………………………………… 13
　8．他人へ事業を譲るパターンは増加していて，全体の半数に迫る勢いです。 …………………………………………………… 14
　9．事業承継をあきらめるなら，売却か廃業清算です。 ………… 15

10. 会社の価値は,「ハードな経営資産」として会計帳簿に出
　　　ています。 …………………………………………………… 17
　11. 後継者の側が配慮すべきこともあります。 ……………… 18
　12. 会社を渡す側の心の準備も重要です。 …………………… 18
　13. 気がかりな税金問題 ………………………………………… 19
　14. 情報の出所は,誰でも調べられます。 …………………… 19
　■ Colum 1 ■　全体最適をめざす事業承継士 ………………… 20

第2節　事業承継の入り口で考えること ……………… 21
　1．継ぐべきか,継ぐべきでないのか？ …………………… 22
　　　　To be !　or not to be ?
　2．創業者は,思い入れが強すぎるので …………………… 22
　3．事業承継の重大さに気付いたら ………………………… 23

第3節　60歳のセルフチェック「事業承継診断」 ……… 35
第4節　65歳の事業承継計画表 ……………………………… 38

第2章　事業承継の事例に学ぶ〈8パターンの分析〉 …… 41
　パターン1　親→子への直系尊属で承継 ……………………… 43
　パターン2　親→娘婿などの義理の子供へ …………………… 48
　パターン3　甥・姪,いとこ・ハトコなどの遠縁へ ………… 53
　パターン4　親→妻,兄弟などの同世代へ …………………… 58
　パターン5　親→従業員,取締役など社内の他人へ ………… 63
　パターン6　後継者を他社から招いた場合 …………………… 68
　■ Colum 2 ■　一般社団やNPOを作ろう ……………………… 72
　パターン7　M&Aで事業承継 ………………………………… 74
　パターン8　自己責任において廃業・休業,会社整理 ……… 80
　事例：番外編　失敗から学ぶ！　事業承継計画 …………… 86

共通パターン：家族会議から始める事業承継 ･･････････ 90
　　　　　～手順と運営の実際～
　　■ Colum 3 ■　前世代からの承継問題 ･･････････････ 97
　　　　　～家族会議でじっくり話し合う～

第3章　後継者をどう育てるか ･･････････････････ 101

第1節　後継者育成に向けて準備すること ･････････ 103
　1．経営者として求められる能力 ･･････････････････ 103
　2．承継の指名 ･･････････････････････････････････ 105

第2節　後継者の教育 ･･････････････････････････ 110
　1．DNAの共有 ････････････････････････････････ 110
　2．組織の目的の共有 ････････････････････････････ 114
　3．顧客の共有 ･･････････････････････････････････ 117
　4．儲けのしくみの共有 ･･････････････････････････ 120
　5．管理面の共有 ････････････････････････････････ 121
　6．金融機関とのつきあい ････････････････････････ 123
　7．判断力を磨くために ･･････････････････････････ 123

第3節　経営者になるうえでの仕掛け「後継者塾」 ･･ 125
　1．後継者塾の狙い ･･････････････････････････････ 125
　2．後継者塾のカリキュラム ･･････････････････････ 126
　3．講義形態 ････････････････････････････････････ 129

第4章　ハードの事業承継 ･････････････････････ 133

第1節　全体論 ････････････････････････････････ 133
第2節　個人の財産相続と事業承継の違い ･････････ 134
第3節　株価算定 ･･････････････････････････････ 138
第4節　株式の移転・集中による経営権の確保 ･････ 148

第5節　株式購入資金対策 …………………………………… 154
第6節　M&A・営業譲渡のための会社の磨きあげ ……… 159
　■ Colum 4 ■　どうしても事業承継の道筋が見つからな
　　　　　　　　い場合の対処 …………………………… 165
　■ Colum 5 ■　「事業承継ノート」と「仕事の手仕舞い
　　　　　　　　ノート」の活用方法 …………………… 171
　■ Colum 6 ■　他人をワンポイントで社長へ登板させる
　　　　　　　　際の注意点 ……………………………… 172
◎信託と事業承継 ……………………………………………… 175
◎事業承継と金融機関 ………………………………………… 176

第5章　ソフトな経営資源の事業承継 ……………… 179

第1節　事業承継で継ぐのは知的資産経営 ……………… 179
　■ Colum 7 ■　メンターとセラピスト ………………… 184
　　　　　　　　〜心の支えを探そう〜
第2節　ソフトな経営資源の事業承継計画表 …………… 190
　■ Colum 8 ■　事業承継 book の作り方 ……………… 194

第6章　「仕事の手仕舞い」と「ハッピーリタイヤ」
　　　　を考える ……………………………………… 195

第1節　迷いを断つ！　不退転の撤退戦略へ …………… 198
第2節　情報処理は正確な数字から ……………………… 200
第3節　もう一度立ち上がれ！ ………………………… 201
第4節　最後の砦　味方を増やす「家族会議」………… 201
第5節　お金に換えられるならトコトン売ろう！ ……… 203
第6節　廃業コスト ………………………………………… 204

第7章　経営承継円滑化法 ･････････････････････ 209
　　　法律の活用方法 ･･････････････････････････ 209
　　　問合わせ先一らん表 ･･････････････････････ 212

第8章　【特別付録】統計や資料 ･･････････････ 219

あとがき ･･････････････････････････････････････ 235

序章

本書の活用方法

　本書の読者は，大きく二つに分かれています。

　一方は，現社長＆後継者，事業承継の当事者の方です。

　もう一方は，事業承継士のような，事業承継を支援する専門家の方にも参考資料に使っていただけます。さらに，金融機関や行政のように，大きな枠組みで事業承継支援を行う組織でも活用していただけます。

　これらすべての方々にとって，読み応えのある内容に仕上げました。

1．天皇陛下の退位とともに，平成は30年で終わります

　東京オリンピックは，2020年です。こうしたエポックメイキングな時代の切れ目を自身の引き際と考えて，代表取締役交代を進める経営者が大幅に増加することが予想されます。

　いつ引退するかを決めきれずに迷っている方は，こうしたチャンスを生かしてください。

　専門知識を持つ「事業承継士」のようなプロが，ますます必要な時を迎えているのです。この機会を逃さず，専門家としての知識武装を行い，戦いに臨む武器を手に入れましょう！

2．今後の金融機関対応で不可欠になること

　近い将来，現社長の「60歳。セルフチェック事業承継診断票」と「65歳。事業承継計画表」を，金融機関などから提出を求められる時がやって来ま

す。

　そこで本書を活用して，いち早く事業承継士として帳票作成の専門知識を確認しましょう。

・60歳の経営者は，「事業承継診断票」セルフチェックシートに，自分で

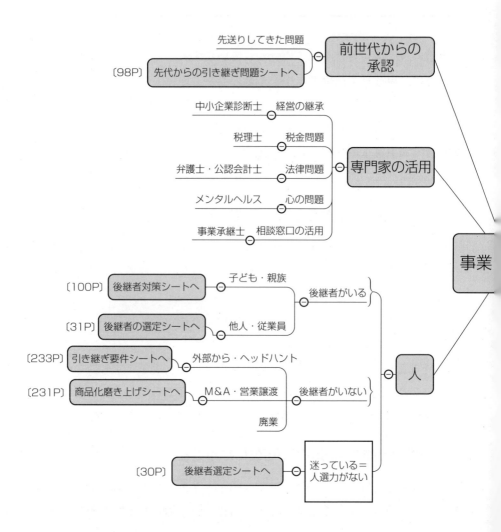

＜事業承継

記入します。
・65歳を超えると,「事業承継計画表」の作成が必要です。
　これらの問診方法と帳票作成が,本書の中で身に付きます。著者が実際に相談実務で使っている書式を掲載しております。

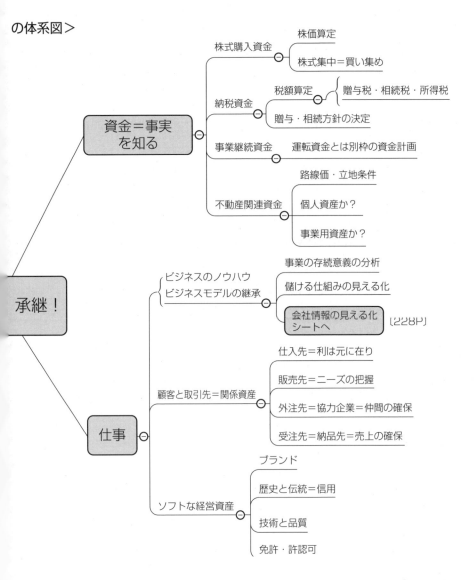

3．本書の活かし方

　相談者の胸のつかえが下りるような，明快な回答を短時間でお答えするために，私たちが編み出したのが，本書で綴られている，数々のノウハウなのです。

　ワークシートをご自分で記入しながら，ご自分の考えや，今後に対する展望などを書き出してみてください。

　そこから，はるか先のご自分の，第二の人生が予見できれば，事業承継はできたのも同じことです。

　ゴールで楽しげに満足な表情を浮かべている未来の自分を，想像してみてください。

　そこへ至る道筋をご案内するのが本書であり，最後に完成させるのが事業承継計画表なのです。

<事業承継はじめの一歩。考え方まとめシート>

　事業承継について，今まで全く考えたことがない場合は，以下のシートで考え方をまとめてください。

1．経営と資産を取りまとめた資料は，何が，どこにあるのでしょうか？
　（　　　　　　　　　　　　　　　　　　　　　　　　　　　）
2．1.の情報は，誰が管理しているのでしょうか？
　（　　　　　　　　　　　　　　　　　　　　　　　　　　　）
3．いつから事業承継を始めますか？
　（　　　　　　　　　　　　　　　　　　　　　　　　　　　）
4．事業承継は，誰に相談しますか？
　（　　　　　　　　　　　　　　　　　　　　　　　　　　　）

事業承継　考え方整理シート

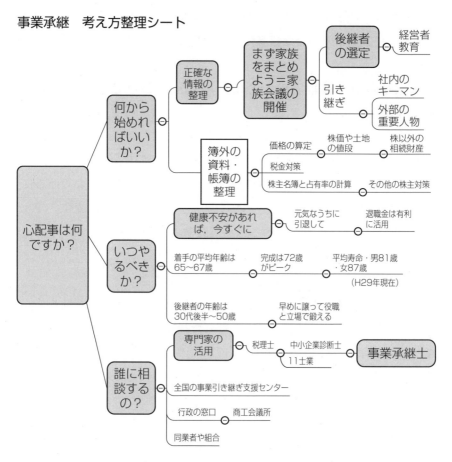

　このシートは，事業承継の入口を案内するものです。

　あなたがどこで迷っているのか，何が不明なのか，現在地を確認する場合に使っていただくマップです。

時の流れの中で，今を生きるあなたは，何をすべきなのでしょうか？

　人生は一度きりですが，企業は名を変え，人を替えながら，永遠の時を刻んでいきます。

　事業承継に，簡単な抜け道はありません。

人を作り，法を備え，技を磨かなければなりません。
そして何よりも，あなた自身の決断が必要です。

未来を背負う後継者のために，現経営者が今できることは何でしょうか？

前のシートを眺めながら，ゆっくり事業承継について，お考えください。

事業承継を行うのは現経営者であり，後に残すものを産み出した，あなた自身です。周囲や後継者ができることは，命のバトンをつなぐために，経営環境を整え，後継者にふさわしく自分を鍛えることだけです。

長い間トップで頑張り続けると，現経営者は知らず知らずのうちに，「無言の権威」と「権力の厚い鎧」をまとってしまいます。

少しだけ，ご自分の若い頃を思い起こしてください。

あの頃は，気概と意欲にあふれ，挑戦心に燃えて，無茶な行動もたくさんしたことでしょう。そのリスクを冒した経験によって，モノを見る眼が養われ，経営者としての勘が備わってきたのです。

時間があなたを育て，事業があなたと共に成長したのです。

そのあなたが選んだ後継者ですから，きっと成功への道を探し，末永い企業の命を育んでいくことでしょう。

事業承継は，壮大な人間ドラマの新しい扉を開く，最後の大事業なのです。

『**経営者はタフでなければ生きていけない。
　優しくなければ生きる資格がない。**』

レイモンド・チャンドラーの言葉をアレンジしました。

どうか，記憶に残る経営者として，歴史に名を留めるように，「素晴らしい事業承継」を完成させてください。

私たち事業承継士は，経営者と一緒に企業家人生を走り抜け，経営のプロとして，あなたの事業承継を支えてまいります。

第1章

家族会議からはじめる事業承継

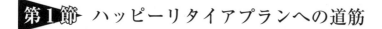 ハッピーリタイアプランへの道筋

1. 事業承継は，自分が「引退する日」を決めることから始まります。

事業承継を思い立つことは，つまり企業から少し離れて，自分自身の第二の人生を考えることです。
　すべての仕事を投げ出すのではありませんが，代表取締役の肩書を外し，後継者に責任ある立場を譲ることで，身軽になるのです。
　肩の荷をおろして，疲れをとることも大切です。

2．日本全国では，どのように事業承継が行われているのでしょうか？

事業承継は，経営者として最後の永遠のテーマ

団塊の世代サラリーマンの定年退職は，ピークを越えた。
団塊の世代経営者の世代交代は，これから本格化する。

430万社　→　廃業3万社　→　倒産1万社

東商会員8万社　→　数年以内に1万社が変革期を迎える。
100年企業は数万社。200年企業は3117社。日本のみ！

リーマンショックで業績が急変し，事業承継を先送りした企業が多い。
先送りしても何も変わらない。ただ時間が無駄に過ぎるだけだ。

この厳しい嵐を，後継者教育のチャンスと捉える！
後継者にバトンタッチし，新しい時代の風に合った企業へと「経営革新」しよう。

事業を存続させながら，人は寿命と共に交替していく。自然の摂理だ。
環境の変化に対応し，自らを変えた種のみが生き残った＝進化論の本質
つなぐべきものが何であるのか？
経営の本質を「知的経営資源」と捉えること！

　長命な企業が多いのは，世界でも，なんと日本だけなのです。
　全国の企業数は430万社といわれ，毎年3万社が廃業し1万社が倒産して，世の中から消え去っています。さらにここ数年間で，7万社もの企業が後継者不在や事業承継に失敗して，廃業しています。
　逆に，事業承継を一気に進めようという，したたかな経営戦略をとる企

業も増えています。

　不況期で赤字決算や同業種の企業決算が悪い時には，株価の評価額が下がるので，子どもへ贈与するには最高のタイミングともいえますし，買い集める時も株主が手放しやすくなります。

3．中小企業にとって，事業承継は『一家と一族』の重大事です。

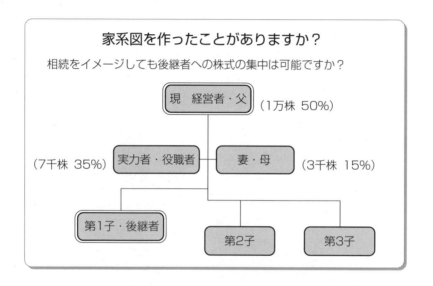

　親族にしてみれば，会社は金の成る木に見えるものですから，誰の手に渡るのかは，重大な関心事です。

　その会社の所有権を表すものが，株式なのです。持ち株比率が１／３，１／２，２／３の３段階で，株式の所有者の権利が決まります。

　また，会社の運営ルールについては，会社法で定める規定を定款などに記載していなければなりません。

　一族が仲良く財産を持ち合って，力を合わせて経営にあたるのは美しい形です。理想的な人間関係と，徳と善の志を持つ完全なる人間なら可能です。

　しかし現実には，両親が亡くなった時から『争族』が始まることが多い

のです。自分の亡くなった後の未来の会社のあるべき姿を決めておかなかった先代の大きなミスが，子孫に争いの種をまき散らすことになります。

　株式の一本化，後継者への２／３以上の株式の集中は，マストアイテムです。

4．事業承継は，後継者への代表交代と，財産のバトンタッチを同時に行うことです。

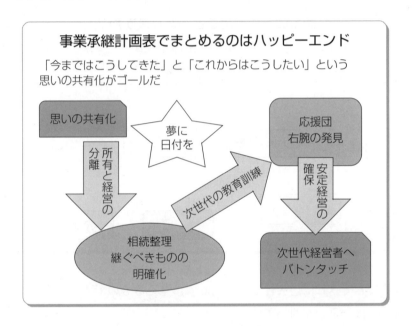

　事業承継をいかに上手に行うか，その道筋を示すものが事業承継計画表です。

　スタートラインで考えることは，この会社を今のままで残すべきか，やめるべきかです。経営者としての社会的責任と，従業員や取引先のことを考えて，企業としての存在意義をはっきりと形に見える化してください。

　継ぐならば，こうして欲しいという思いを，後継者と共有化することです。話し合いを重ね，互いの考え方や価値観をすり合わせてください。

　そこから，引退する側の第二の人生に必要な個人資産を切り分けて，事

業の運営に必要な事業承継用の資産を後継者に移します。同時に，次の時代を背負う『経営者を創る』後継者教育が必要です。

　また，将来の幹部社員を後継者の右腕として同時に並べて研修すれば，経営チームの完成度が上がります。

5．親子の人間関係は，「言わなくても，わかっているつもり」がいちばん危険です。

　似たもの同士の親子なら，口に出さなくたってわかっているはず。

　「改めて言うのは水臭い」などと「独りよがり」になっていませんか？

　怖いのは，仮面をかぶってマジメにしていた後継者が，ある日突然，堪忍袋の緒が切れ，親子が激しくぶつかりあって亀裂が走ることです。時折このような光景に出くわします。二人に悪意はないのですが，きちんとした経営者同士としての話し合いがないままに，成り行きという時間の流れに押されて，いつの間にか，こうなってしまったというような，家族間で

起こりがちな事態です。

　やはり，しかるべきタイミングで，社長と後継者という，社会的な立場と責任を背負った者同士として，キッチリと話をつけましょう。

　そして後継者には，なるべく早く肚をすえて「志をつくる」教育をしてください。〔☞第8章・P226・P227参照〕

6．家族会議という機能の復活を！

家族の「思いを共有」＝家族会議の開催
1．家庭の融和と結束
2．個人資産の相続と，事業承継の切り分け

個人資産
株券
不動産

事業資産
経営権
ソフト

現経営者の無形の資産を見える化
・自分の生き様を伝えたい＝自分史
・会社沿革を再確認＝記念日の発見
・お世話になった人の顔＝人脈
・誇りと自信を持つ自分の技術

後継者の身に付けるべきもの
・先代の人となりを知る
・事業の本質を知る
・簿外の資産＝知的資産の継承
・優秀な能力のある人を留め置く力を持つ

　創業から今日まで，夢中で働き，自分のことはおろか，家族ともろくに話をしていない，そんな社長さんもいます。

　でも，いちばん社長を心配しているのは，他ならない家族なのです。

　家族だからこそ，話し合えばわかり合えるはずです。

　そして，会社のこと，自分の考えなどを整理して，リタイアプランについて家族全員で話し合いましょう。

　また，長男ではなく，次男や三男などに承継の順位を変えた場合には，子供たちの承諾と妻や母の承認が必要です。女性は一般的に，財産を平等に分け与えるべきだと思っている人が多いのです。

しかし，父親の目から見て，社会的責任の重さを考えれば，適材適所は重要なことです。株を一手に移管して後継者になる者には，財産と同時に大きな経営責任（個人保証や担保提供）も付いて回ることを全員に教えておくことが大切です。

　また，他の子供たちには，家や現金，保険金の受取り権利などを与えて，バランスを取ることを伝えておきましょう。〔☞第2章・P90参照〕

7．一族が跡継ぎになるパターンは減る傾向ですが，全体の半数くらいです。

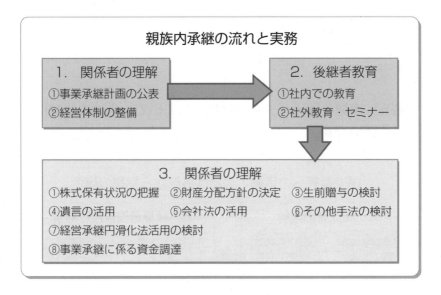

　家族会議で後継者を選び，それ以外の子供たちの意見を調整し，株式の後継者への一本化と，それ以外の財産の相続についても分与方針を相談しましょう。同時に，後継者の育成については，経営者としての専門能力は自社内だけでは勉強しきれませんから，後継者塾などの外部の機関を活用して計画的に教育しましょう。

　また，会計をお母様（妻）が担当している会社では，この「経理面の承継」を誰がどのようにつなぐのかも決めておきましょう。家族の金庫番で

あれば，早い段階からの見習いが必要です。

そして，自社振出しの手形をやめるとか，パソコンで経理や在庫管理，顧客管理を行うなどの合理化も同時に考えましょう。

（手順）
① 新社長になる「後継者の指名」と周囲からの承認の取りつけ
② パートナーとなる幹部やキーマンの選定
③ 後継者の「目の上のたんこぶ」になるベテランの社員の処理

などを準備することです。

とくに後継者の定着に必要な配慮としては，ベテラン層を採用した現社長の責任において，定年退職させたり，しかるべき肩書きを与えて息子の教育係に任命したり，とにかく後継者との協力体制を作ることです。〔☞第2章・P43参照〕

8．他人へ事業を譲るパターンは増加していて，全体の半数に迫る勢いです。

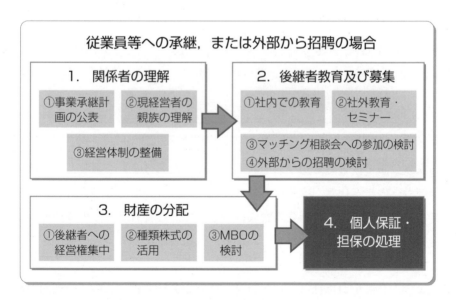

従業員への事業承継は，資金計画がポイントになります。

手順は，家族会議による皆さんの合意を得るところは一緒ですが，「社内の異論」を解消することが必要です。どんなに素晴らしい後継者でも，人の好き嫌いはあります。ましてや，長く勤めてくれた先代の子飼い幹部は，後継者にとって「眼の上のたんこぶ」になりがちです。

　経営環境の整備とは，こうした組織の整理や，後継者が気持ち良く働けるような組織作りを意味しています。現社長が採用し，育ててきたベテラン幹部は，『誰を残すべきか』『現社長と一緒に退職すべき人は誰か』，こうした人事もしっかりと計画しましょう。

　また，株の買取り資金についても，長期的視点からの準備が必要です。

　そして，最後の難関が金融機関とのやり取りです。個人保証の差し替えができず，後継者の選定をやり直した例もあります。

社内に後継者が見つからない場合

　後継者の不在は，隠しとおせる問題ではありませんので，外からの助けが必要です。早めに専門家に相談することが大切です。〔☞第２章・Ｐ68参照〕

９．事業承継をあきらめるなら，売却か廃業清算です。

M&Aは安易に考えないで…！

1. M&Aに関する理解＝夢と現実
2. 仲介機関への相談＝費用負担
3. 会社売却価格の算定と会社の磨き上げ
4. M&Aの実行＝秘密裏にスピード感で
5. ポストM&A＝創業希望者へのバトンタッチ

課題の絞り込みと懸念事項の抽出

専門家への相談

最近は,「営業譲渡」や「合併,分割」などの会社の取扱い規定が簡単になり,法律面でも整備されたことから,専門の仲介業者もたくさん現れました。
　しかし,一般的な業者のマージンは,着手金が50～100万円,成功報酬が数百万円から1千万円以上,歩合制というパターンが多く,中小企業では使いにくいのも事実です。
　また,一部の不心得な業者は,売却物件を不動産ころがしのように扱っていたり,守秘義務に問題があったり,着手金詐欺まがいの行為が見られたりしますので,仲介業者の選択には慎重さが必要です。
　お一人で決めないで,第三者と相談しセカンドオピニオンの意見も入れて,再度考えてみましょう。
　売却が容易な業種は,免許や許認可を有していたり,立地が素晴らしかったり,買い手が欲しがる何かを,「眼に見える形」で説明できることが条件になっています。「会社の見える化」が必要なのです。
　そして,売ることが決まったら,商品としての価値を上げるための「会社の磨き上げ」が必要です。
　具体的には,きちんとした帳票の作成,データの整備,名簿や書類の作成も重要なことです。
　とくに,個人情報や顧客の販売履歴,取引先名簿などは大切な「ソフトな経営資源」であり,「知的資産経営報告書」などでビジネスモデルを説明することも必要です。〔☞第2章・P74参照〕

10. 会社の価値は,「ハードな経営資産」として会計帳簿に出ています。

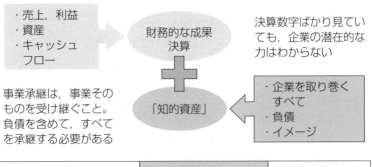

　本当の会社の価値は「中に入ってみないとわからない」といわれ,プロですら間違うことがあります。それは,眼に見えない空気のようなもので,「企業風土」とか,「会社のムード」などともいわれ,「ソフトな経営資産」と表現されています。

　多くの場合は,それが人に付いている価値であり,従業員の退社やオーナーの変更で壊れやすく,失われやすいデリケートなものです。〔☞第5章・P179参照〕

　それだけに,後継者はこの価値をしっかりと身につけて,企業のビジネスモデルを磨き上げていかなければなりません。

　「付加価値経営」などともいわれ,ブランド戦略や知的資産経営にも通

じる分野で，事業承継士による研修が必要な分野です。

11. 後継者の側が配慮すべきこともあります。

> **事業承継　後継者の10カ条**
> 1. 去りゆく者の心境を配慮せよ……心の声を聴き共感を持て
> 2. 社史沿革を理解せよ
> 3. 継ぐべき事業の本質を見きわめよ
> 4. 所有と経営の分離を考えよ
> 5. コミュニケーションは「家族会議」から
> 6. 周囲から本音を聞き出す「ヒアリング能力」を磨け
> 7. 嫁さがし・婿探しは人生の一大事と認識せよ
> 8. 事業承継は次世代への投資育成事業と心得よ
> 9. 長期戦に備えデータ収集と使いやすい記録づくりを
> 10. 先代の最後を見送ることが最大の責務であることを覚悟せよ

想像力や感受性といった，眼に見えない価値を「感じる心」が試されます。

12. 会社を渡す側の心の準備も重要です。

> **事業承継　当事者の10カ条（現経営者）**
> 1. 客観的視点を持て
> 2. 歴史観と哲学を持て
> 3. 継がせるべきモノの本質を見きわめよ
> 4. 所有と経営の分離を考えよ
> 5. 家長としての決意表明は「家族会議」で行え
> 6. 周囲の意見を聴く「ヒアリング能力」を磨け
> 7. 嫁さがし・婿探しは一大事と認識せよ
> 8. 事業承継は次世代の教育事業と心得よ
> 9. 長期戦に向かう耐久力を再構築せよ
> 10. 人の命には限りがあることを悟り信仰を得よ

経営者として，人生の達人として，人間の品格が試されています。

次世代からは，なかなか「退いてくれ」とは言いにくいものです。

自分が，若い世代の成長を押さえつける「老害」になっていないか，考えてください。

13．気がかりな税金問題

> ### 事業承継計画表の記入から始めましょう
>
> 1. 経営承継円滑化法……相続税の80％・贈与税の全額を納税猶予（2／3までの株式）
>   - 80％の雇用継続義務あり……5年間，毎年届け出
>   - 都道府県への届出が義務
>   - その他，適用条件が多数あり
>
> 2. 民法の特例……相続の法定遺留分の除外
>   - 相続の平等性を制限し，自社株のみ除外する
>   - 株価をその時の価格で固定する，固定合意が可能
>
> 3. 金融支援……日本政策金融公庫……事業承継支援資金
>   - 自社株を購入する資金を，個人・法人に低利で提供
>   - 事業承継に必要とされる資金を別枠として用意

これには，経営承継円滑化法という政府の回答が用意されました。

相続税の納税者は亡くなられた方の8％といわれていますが，税金が気にかかる方は，第7章をジックリと読んでください。

14．情報の出所は，誰でも調べられます。

第8章で，データ・資料の出所を一覧表にまとめています。

より詳しく調べたい方は，資料編をご覧ください。

Colum 1

全体最適をめざす事業承継士

　本書では，事業承継の当事者はもちろん，学習の入門者から支援の現場で対応法に悩む専門家まで使っていただけるように，非常に幅の広い情報を編集しています。その大きな目的は，情報の偏りをなくし，多くの人に事業承継の基本的な知識を持っていただきたいからです。

　そうすることで，一部の専門家や仲介斡旋業者が跋扈することを防ぎ，事業承継の「**全体最適**」を作り上げたいからです。事業承継には，実に多くの専門家がかかわってきます。さらに，金融機関や団体，行政まで支援の手を差し伸べてきます。それでは，当事者である経営者や後継者は誰を信じ，何が正しいかを自分で判断できるのでしょうか？

　そもそも，迷っている人は，何から手を付けるべきかわからないので，動くことができないままに年を重ねているのです。

　事業承継の最終ゴールは，代表交代の完成ではありません。

　それは一つの手段で，形が決まっている作業を行うことにすぎません。

　それよりも重要なことは，多くの人が幸せになり，会社が未来に向かって生き続ける道を示すことです。

　バランス感覚あふれるコーディネーターが全体を統括することができれば，名指揮者が操るオーケストラのように，一糸乱れぬハーモニーが完成することでしょう。

　読者の皆様には，とくに「**全体最適**」を意識していただきたいのです！

　そのためには，セカンドオピニオンに，今のプランで進めていいかどうかをチェックしてもらってください。最後の見直しで，とんでもない結果に変わった事例がたくさんあります。事業承継士の再検査から，改めてゴールに向かいましょう。

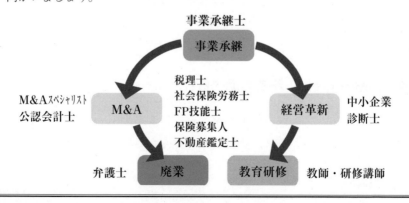

第2節 事業承継の入り口で考えること

　事業承継に思い悩む経営者は，同時にいくつものことが頭に浮かんできて，心の整理に戸惑う方が多いようです。さらに毎日の仕事に忙しいトップの頭の中では，遠い先のように思われがちです。

　日常生活ではメッタにない，30～40年に一度のことですから，ふだんでは思いつかないような長めの時間感覚を持って，自分を第三者的に見なければなりません。

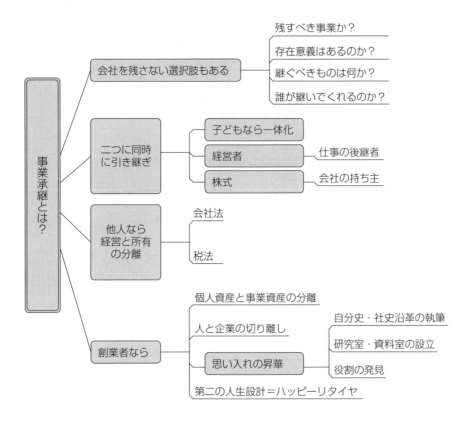

1. 継ぐべきか，継ぐべきでないのか？
　　To be ! or not to be ?

　私たちは，毎日の生活の中でも，常に判断に迷い続けています。
　それが，事業承継のように後継者や従業員の人生を左右する問題であるならば，迷って当然です。そう簡単に意志が決まるわけはありません。
　また，企業経営は状況が刻々と変化しますから，一度の決断ですべて押し切ってよいものでもありません。常に変化を予想し，「対案を持って臨む」のが，事業承継計画の基本的考え方です。
　ここでは，事業承継をシンプルに見て問題を単純化し，思い悩む自分から距離を置いて，他人ならどう考えるだろうかと，第三者の目で客観的にシミュレーションしてください。
　① そもそも私の会社は，継ぐべき事業なのか？
　② 当社の経営状況は，黒字が続くのだろうか？
　③ 最終的に事業を止めることも考えてみると？
　④ 誰が継ぐのが一番良いのか？
　⑤ 継がせるモノは三つあるといわれるが……？

2. 創業者は，思い入れが強すぎるので

　これとは別の視点で，注文がひとつあります。
　あなたが創業者か，中興の祖と呼ばれる重要人物の場合です。
　問題は，会社経営という人生をかけた大勝負の結果から離れて，第二の人生をどのように構築するかという，自分自身の人生観や哲学的な考え方なのです。
　とくに創業者は，自分の人生と会社がコインの裏表のように一体化しており，切り離すことは死をもって行うというほど，困難が伴うものです。もちろんケースバイケースですが，創業者としての「会社への思い」が強烈な人ほど，この点で悩みます。

この悩みを解決しないうちに，無理に事業承継に走ると，いつまでも引退後に会社に口出しをして，後継者の足を引っ張ったり，晩節を汚すような「お家騒動」を巻き起こしたりすることになります。
　そこで，自分なりの引退のシナリオをイメージしてください。歌舞伎役者が表舞台から降りるとき，大見栄を切って，拍手喝さいを浴びながら，花道の上を緞帳の中へと向かって行きます。
　ご自分の成した業績が素晴らしいほど，**「引き際が肝心」**です。
　人生のフィナーレは，「夢を実現」することです。第二の人生は，自らの命を燃やしつくす，魂の昇華を行う，崇高な時間なのです。
　私は，曹洞宗の門徒です。座禅が好きで，日曜日になると鎌倉に参禅に参りますが，ここでの修業は「無になること」です。人は無から生まれ，有を成し，やがてまた「無に帰る」のです。その間に百八つの煩悩に苦しみ，悩み，多くの友との出会いを通じて人間が磨かれて，人格の完成へと至るのです。
　「人間の品格」は，引き際にこそ現れます。どうか心安らかに，輪廻転生を受け入れ，次の人生での活躍を夢見ることに致しましょう。
　ご自分が，この精神の陶冶を必要とするのでしたら，アドバイザーの事業承継士がたくさん控えておりますから，いつでもお尋ねください。

3．事業承継の重大さに気付いたら

　このワークシートを活用し，ご自分で記入してください。
　ジグソーパズルのピースをひとつひとつ組み立てていけば，必ずゴールへとたどり着けます。

① 正確な情報の収集
　初めに会社の正しい現在価値を把握しましょう。
　会社の株主は何人いて，株価はいくらなのか？
　あるいは，相続税はいくらかかるのだろうか？

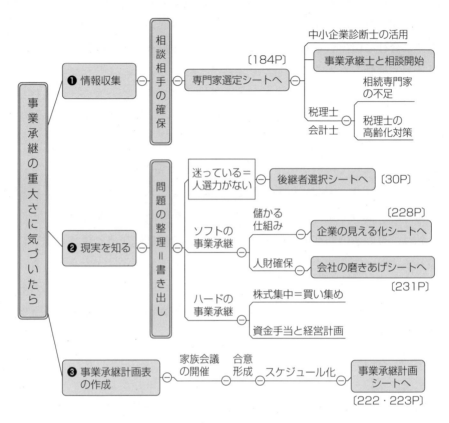

　当てずっぽうな推理や，知ったかぶりな他人の意見では，正しい判断ができません。

　一般的に，株価算定をプロにお願いした場合は，30〜80万円といわれています。そこで，判断材料のための簡易査定でよろしければ，取引先の金融機関に相談しましょう。ほとんどが，サービスで無料査定してくれます。

　この数字を基に，概算で株価と税額をはじき出します。

② 相談相手は，どなたですか？

　驚くべき事実があります。

　平成26年の第6回税理士実態調査報告書の調査データでは，全国約6万人の税理士の54.3％が60歳を超えています。80歳代で現役の方が10.4％も

おられます。また「女性」は，12.8％です。（日本税理士会連合会）

なるほど，税務は経験智が大きく役立つ分野ですから，年齢は成果とは無関係で……と説明されています。

しかし，ご相談者はこんな風に言っています。

「長年連れ添った女房のような顧問の先生だから，今さら変えようとは思わないが，このままで事業承継や相続税対策ができるのか，時々心配になってきた。」

そうこうするうちに，自分の通う病院で，税理士先生と一緒になった。お互いにベッドを並べて，点滴を打たれて……，「そろそろ俺も引退だな」そうおっしゃったと。

東京商工会議所の平成21年度事業承継アンケート調査によると，「顧問税理士を相談相手の筆頭にあげる経営者は47％」近くもいます。

しかし，その相談相手として「役に立ち，的確な回答を出せる顧問税理士は10％以下」と回答しています。

つまり，顧問税理士にも得意分野や賞味期限があって，事業承継や相続が得意の顧問税理士は本当に数が少ないのです。また，日常の記帳や決算業務で忙しく，時間と手間のかかる事業承継の相談からは距離を置いている，という先生も多いのです。

ですから，事業承継士なのです。

事業承継支援のプロですから，遠慮なくお問い合わせください。

③　問題点の書き出し

さて，次に行うのは，百人百様の事業承継で，ご自分の場合は「これが問題点だな」と思い当たる点を探します。

たとえば，「後継者を選びきれない」「迷うばかり」で，時間ばかり進んでしまう場合……。このようなケースでは，「後継者の選定」について考えてみましょう。

④　家族会議から始める事業承継計画表作り

　ここからが，事業承継の本番です。

　中小企業の場合には，株主総会が行われていないケースが多いですから，株主が親族だけなら，少し改まった形で「家族会議」を開いてはどうでしょうか？

　何かの記念日，たとえば社長の誕生日に，近しい家族（株主は全員）が集まり，会社の将来について相談します。

　もちろん，ムコさんもお嫁さんも参加します。成人していれば，孫も入れて。後継者候補なら姪や甥も参加します。

　といっても，結論は現社長が出すものですから，ある程度の意思決定をした後に，「こうするけど，これでいいね！」と，一族皆に同意を求めることになります。

　この席では，後継者も同席するでしょうから（親族の場合），一種の後継者の承認式ともなります。ここで満場一致となれば，おおむね心配はいりません。しかし，他の候補者がいたり，お母さんや女性たちの声が違う方向を向いている場合などは，事前の調整や根回しが必要です。

　めったに家にまっすぐに帰らず，仕事や接待に没頭して家庭を顧みなかったワーカホリックで「仕事大好きの社長」などは，こういう場面でかたきを打たれることがあります。独断で何でも決めてから，一方的に押し通してきた「ワンマン社長」も危険ですね。

　独占的な株式の占有率（2／3以上）であっても，家族の少数意見は尊重しなければいけません。反対派がいれば派閥ができますし，後継者はやりにくくなります。

　事業承継後にもめる原因は，今のうちにすべて取り除かなければならないからです。

⑤　未来予想図

　一般的に，遺言書を自分の死後のこととして，縁起が悪いと忌み嫌って，

真正面からキチンと考えない人がいるようです。

これは、事業継承では考え違いです。

今日まで会社のトップとして、全責任を負ってきた経営者が、自分が亡くなった未来のことになると、突然、無責任になります。

ある社長などは、家族全員がビックリするようなことを言い放ちました。

「俺が死んだら会社は潰れるから、事業の未来はどうでもいいことだ」

ご自分では気が付かれていないようでしたが、あまりに無神経な言い方です。

遺言書は、「自分亡き未来の、事業承継」へ向かう大切な海図です。

あるいは、自分で決めておける「最後の会社設計図」ともいえます。

子どもが複数いる家庭なら、相続は分割になります。

その分け方ひとつで、先代社長の素晴らしさが見えてきます。

「自分亡き未来」を想像し、「将来のわが社は、こうあって欲しい」ということを書き残すことができるのです。

とくに中小企業では、相続財産の大部分が、換金性のない「自社株式」に集中している場合が多いですから、この株式の処置をキチンと決めておかなければ、一族の将来が危うくなります。

戦後教育の最大の失敗は、「悪平等」を正義としたことではないでしょうか？

今さら、家父長制・封建制の世の中に逆戻りすることはできませんが、家族会議のような良き伝統は残すべきではないでしょうか。

後継者の選定で、格言が一つあります。

「迷ったら、長男か長女に決めろ！」というものです。

多くの企業で、自分の子供たち兄弟姉妹を、そろって社員にしたり、社長の兄弟の子供、つまり甥や姪まで社内で雇っている場合は、とくに注意が必要です。

誰が後継者にふさわしいのか、よほど慎重にチェックし、協議したうえで最適な人に継がせたいところです。

ところが，父親と母親で意見が食い違ったり，途中で傍系へ譲ることが惜しくなったり，自分の子供が可愛くて，能力を無視して無理に継がせたり……。

　いやはや，親バカのオンパレードです。

　このような事態が発生すると，事業承継は大変な障害に乗り上げてしまいます。

　「後継者選定」の具体例は後の章に譲るとして，ここでは遺言書作成のヒントになる，「3段階で作る未来予想図」をご提案いたします。

　この未来予想図は，あなたの亡くなった後の世界を予想するものです。遺言書ではありませんので，夢や理想でもいいのですが，「今年 ⇒ 7年後 ⇒ その先へ」と続くイメージができ上がれば，それこそがあなたの人生のフィナーレにふさわしい，完成された未来予想図といえます。

　毎年，お正月か，誕生日か，会社の創立記念日などに書いてください。前年と見比べると，ご自分の成長度合い，あるいは「代表の肩書きの賞味期限」がわかります。

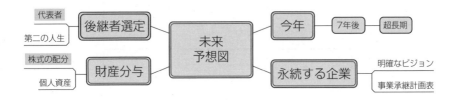

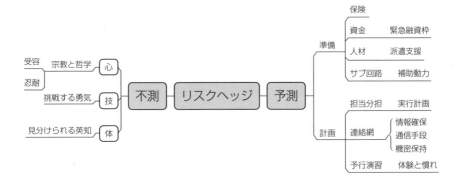

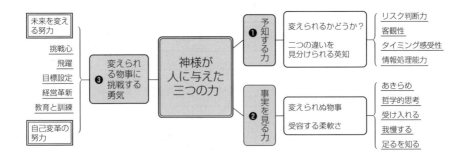

人財チェックポイント	✓
後継者選定の考え方	
IQ＝20点	
知能・知識	
地頭の良し悪し	
スキル・技術	
経験の量と質＝30点	
自社での 他社での 人生経験	
EQ＝50点	
思いの在り方	
モチベーション	
リーダーシップ	
コミュニケーション能力	
対人スキル	
品格・人柄	
意志の強さ	
行動力	
総合評価＝100点	
戦略的思考	
成果志向	
協働能力	
コメント	

EQ＞IQ＞経験
1．経験は変動性が高く評価しにくい
2．複数によるチェックで客観的に！

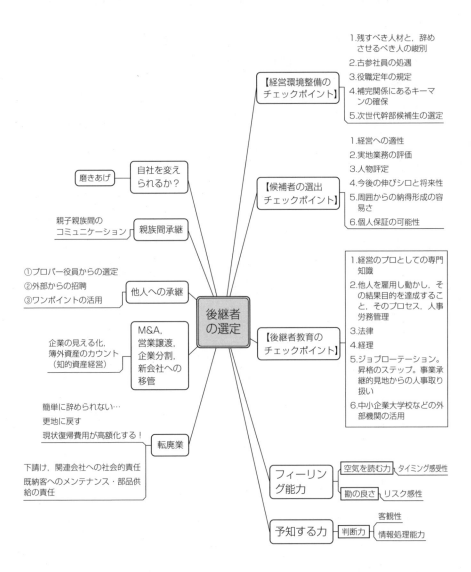

未来予想図　1　20～30年先【　　～　　歳】

現在の年齢に20歳・30歳を足して書いてみましょう。
ひょっとしたら，あなたはもう天国にいるのかもしれませんね。
超・長期の夢に近い目標。できたらいいなと思う夢のようなもの。
人生の究極の到達点。後継者のために文字にして残しておきます。

会社・事業 1.

個人＝私 1.

家庭＝配偶者や子供たち 1.

◎私の葬儀の申し渡し。宗旨や寺や墓のこと。名簿の在りかなど ・葬儀の規模 ・お知らせする人の範囲 ・葬儀委員長 ・弔辞を読む人 ・お返しの品 ・その後の年忌

未来予想図　2　3〜7年先【　　〜　　歳】

ズバリ事業承継を行う日程です。中期の実現可能な目標です。
　具体的な数値や，行動の方向性を見つけます。未来予想図1を完成させるために，自分はどのようなことを実践すればよいのでしょうか？
　自分でしっかりと考え，実現可能性の高い状況を想像して書きましょう。

会社・事業 2.
個人＝私 2.
家庭＝配偶者や子供たち 2.
◎事業承継と引退式，ハッピーリタイヤプラン

未来予想図　3　今年するべきこと【　　　歳】

　長期的な究極の目標完成のために，「今年」，何をするべきなのでしょうか。これから始めるべきこと，着手すること。
　やらなければならない重要なこと。
　先送りをやめて，具体的な締め切り日を設定し，事業承継の実行計画を作りましょう。

会社・事業 3.
個人＝私 3.
家庭＝配偶者や子供たち 3.
◎引退後の役割り，報酬，肩書き。完全引退はいつか？

　　　年　　　月　　　日　　署名（　　　　　　　）作成場所（　　　　　　　）

第3節 60歳のセルフチェック「事業承継診断」

　ぜひとも，国が用意した「経営者のための事業承継マニュアル」から転載したチェックリストをご自分で試していただきたい。
　改めて準備不足に気付かれた方は，本書を活用し，事業承継士を相談相手に事業承継計画表の作成に向かっていただきたい。

http://www.chusho.meti.go.jp/zaimu/shoukei/2017/170410shoukei.pdf

事業承継自己診断チェックシート

| Q.1 | 事業承継計画を策定し、中長期的な目標やビジョンを設定して経営を行っていますか? | はい　いいえ |

| Q.2 | 経営上の悩みや課題について、身近に相談できる専門家はいますか? | はい　いいえ |

【以下の中から、当てはまる設問へお進みください】
・私には後継者がいる（子ども、親族、従業員）…★へ
・私には後継者にしたい候補がいる（子ども、親族、従業員）…Q.6～Q.7へ
・私には後継者はいない…Q.8～Q.9へ

★後継者に対し将来会社を託すことを明確に伝え、
　後継者として事業を引き継ぐ意思を確認しましたか?
　「はい」…Q.3～Q.5へ　　「いいえ」…Q.6～Q.7へ

| Q.3 | 後継者に対する教育・育成、人脈や技術などの引継ぎ等の具体的な準備を進めていますか? | はい　いいえ |

| Q.4 | 役員や従業員、取引先など社外の関係者の理解や協力が得られるよう取り組んでいますか? | はい　いいえ |

| Q.5 | 法務面や税務面、資金面などについて将来の承継を見据えた対策を進めていますか? | はい　いいえ |

| Q.6 | 後継者の正式決定や育成、ご自身の退任時期の決定など、計画的な事業承継を進めるために必要な準備期間は十分にありますか? | はい　いいえ |

| Q.7 | 後継者候補に承継の意思について打診する時期や、ご自身がまだ打診をしていない理由は明確ですか?（候補者が若く，打診するには早すぎる　等） | はい　いいえ |

| Q.8 | 第三者に事業を引き継ぐ場合（企業売却・事業譲渡等）の相手先の候補はありますか? | はい　いいえ |

| Q.9 | 企業売却・事業譲渡等の進め方についてご存知ですか? | はい　いいえ |

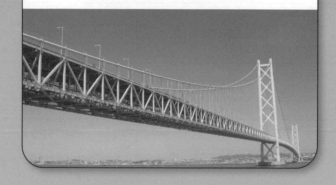

http://www.smrj.go.jp/ebook/h29_keisyo/html5.html#page=52
この二つの資料を参照しました。

第4節 65歳の事業承継計画表

1．経営承継円滑化法の申請に必要な事業承継計画表

　これは，中小企業庁のホームページから読み取った書式を改編したものです。もっと簡単なものでもよいのですが，せっかく作るなら，実務で役に立つものを作り，事業承継士や顧問税理士に相談しながら，相続税や贈与税の節約を計画しましょう。

　また，家族会議で決めたことを実行するための計画書としても有効です。

経営承継円滑化法の申請に必要な事業承継計画表（一部改編）

事業承継計画表		「7年後に長男に親族内承継する」							見えない資産の引き継ぎシート
活動内容と準備		現在	1年目	2年目	3年目	4年目	5年目	6年目	7年目	第二の人生
資金確保・税金対策	社長	67歳	67	68	69	70	71	72	73歳	会長就任
・持ち株の移動	比率	10：0			5：5		4：6		代表交代	退職金確保
・経営理念の再確認	後継者	32歳	32	33	34	35	36	37	38歳	事業承継
・中長期経営計画	★	入社		取締役			専務		社長	の完了
段階的教育＋外部	社外勤務	現場で社員と勤務				外部教育				目標の設定
取引関係と人脈引き継ぎ ブランドとビジネスモデル								→	★	新たなるネットワークの形成
● コミュニケーション能力										個人の能力アップ
● 経営力・交渉力										
● 企画力										
● 財務・経理								→	★	後継者塾 勉強会
● 営業力・原材料調達										
● 工場管理										技の伝承
● モノづくり技術・ノウハウ										
経営ノウハウと経営理念の継承								→		志の継承
組織体制の見直し　適正要員 新時代の経営ビジョンの策定 経営革新計画への挑戦								→	★	自分流の経営へ

2．ソフトな経営資源の事業承継計画表

　この表で説明しているのは，知的経営資産報告書に謳う中身を，どうやって順番に後継者に伝えていくかを，手順までしっかりと書き込んでいく計画書なのです。

　とくに代表交代のタイミングを生かして，人脈や関係者との取引条件の引き継ぎなど，会社経営の条件に大きくかかわる事柄を漏れなく記載しなければなりません。見えない資産の継承を行うための手順書になります。
〔☞第8章・P223参照〕

3．ハードの事業承継計画表

　この表では，経営承継円滑化法の申請書類としても使えるよう，いくつかの要件を満たさなければなりません。

　まず，後継者の入社と取締役への就任をいつにするのか，つまり事前に後継者を選定し事業承継の準備をしていたことを証明することが必要です（役員登記から3年）。また，手順を踏んで後継者を育成し，成長を見ながら役職を与え，株式の移転を進めることも記載しなければなりませんので，1．の経営承継円滑化法の申請用と重なる部分も多いのです。

　しかし，重要事項の一番は「いつ代表を交替するのか」という点です。

　締切日を決めなければ，いつまでたっても決心がつかず，ずるずると仕事にかかわっていることになり，後継者が育たないからです。〔☞第8章・P222参照〕

事業承継の環境分析

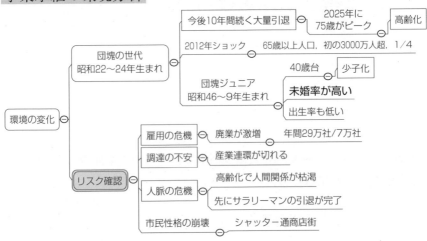

事業承継相談の３大テーマ

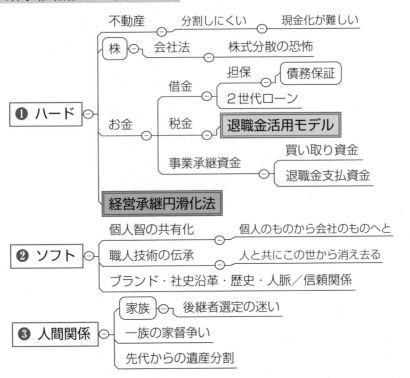

第2章

事業承継の事例に学ぶ
〈8パターンの分析〉

　この章では，15年間にわたり経営相談を行った企業の状況を8分類し，それぞれの注意点，気づきのポイントを説明します。

　ご自分の状況に近い事例がありましたら，そこから読んでください。

　他のページへのリンクが張ってありますので，気が向くままに読み進めてください。

　事業承継全体に占める割合は，圧倒的多数だった「父から息子への事業承継」が減少し，「娘や遠縁の血族」「娘婿」「養子縁組」「従業員へのれん分け」「他社からの招聘やM&A」など，承継パターンも多様化の一途をたどっています。それはまさに，少子化・高齢化がもたらしたものです。

　同時に，後継者になる子供がいても，自分の事業に無理に引き込もうとしない親世代が多くなったこともあります。

　また，戦後の自由平等主義の教育を受けた最初の世代が，交代期を迎えているために，個性を尊重し，好きな道へ進むことを奨励した結果ともいえます。

　もう一つの傾向として，「女性の代表」が増加しています。未亡人と離婚経験者が多く，性別を超えて，適性と能力，意志のある人材が後継者になっているのです。

　いずれにしろ，事業承継は「一子相伝，家督を譲る」といった封建的な事業連鎖から解き放たれて，もっと自由で，多様性のあるものに変化しています。

事業承継のパターンを大きく区分すると，次の三つに分類できます。
分類①　親子……親族内の承継
分類②　他人……幹部からの昇格・従業員・ヘッドハントなど
分類③　企業の形が変わる……M&Aや営業譲渡，企業分割，廃業
さらに，これらを区分けしたのが，事業承継の8パターンです。
どの事例が良い悪いではありません。
それぞれのおかれた境遇を「宿命」として受け入れるのか，それとも自助努力で「運命改造」に挑もうとするのか。
それぞれの企業の特殊性もかんがみて，実例を見ていきましょう。
事業承継は，ほぼこの8パターンで分類されます。
パターン①　親→子への直系尊属へ
パターン②　親→娘婿などの義理の子供へ
パターン③　親→甥・姪，いとこ・ハトコなどの遠縁へ
パターン④　親→妻，兄弟などの同世代へ
パターン⑤　親→従業員，取締役など社内の他人へ
パターン⑥　親→他社から招いた他人へ
パターン⑦　親→他社の傘下で継続するか，合併・M&A・営業譲渡
パターン⑧　親→自己責任において廃業・休業・清算へ

次に，代表的な事例を紹介しますので，ご自分の現状と合わせて，事業承継をどのように考えるか，イメージしてください。
　文章は，社長（譲り渡して第二の人生へ向かう）が独白して語るように書かれています。
　ご自分なら，こんな立場だったら，どう考えますか？

[パターン1] 親→子への直系尊属で承継

資 本 金	1,000万円	承継時期（予定年度）	1995年
従 業 員	35人	その時の現経営者の年齢	60歳
設　　立	1970年	その時の後継者の年齢	34歳
業種・業態	印刷関連業		
当社の強み	専門業界を持ち，その分野でのシェアが最大		
承継の時	父の急死により，長男が専務から昇格し後継社長に		
トピックス	早めの準備が役立ったが，経営承継円滑化法は間に合わない		

【社長談】

　私が社長として独立したのは30歳で，業界のなかでも最速のサクセスストーリーで，成功を手にしたと思います。

　その次に考えたのは，事業の先行きについての早い目配せだけではなく，人一倍に神経を使ったのが，跡取りの準備です。

　とかく息子というものは，父の意思に逆らいたいものらしく，一種の反骨精神の表れからか，会社とは無関係の建築家の道へと進みました。

　しかし30歳代にもなれば，世の中が見えてきたのでしょう。サラリーマンとしての限界も，技術者としての自分の成長も，ひとつの到達点が現れていたようでした。そんな息子の逡巡の時期と，私からのラブコールの波長がぴったりと重なり合い，息子は当社の後継者となることを承諾したのです。

　この時点で，まず私がしたことは，事業承継士に，息子の教育係を任せることでした。事業承継士は，息子の育成のために「事業承継計画表」を作成し，7年計画で長男を社長に就任させることを提案してくれました。タイミングは，ズバリ「創立30周年」に決めて……。

① 事業承継計画表は，引退の意思表明書のようなもの

　はじめに，この計画を実現するにあたって，事業承継士から「綿密な設計は不要ですが，海図のない航海は危険です」と言われました。つまり，

全体を俯瞰する緩やかな計画は必須で，一種の「長期経営計画を設計せよ」とのことなのです。

そして，他の子供＝すべての相続人に「自社株が散逸しない」ように「法定遺留分の除外」を家族会議で宣言し，一族の合意を確認しました。

② ハードの事業承継計画表

次に，「資産の継承」は，暦年贈与（年間110万円まで無税）により7年間で移動するよう指導されました。自社株式の移転登記完了のゴールを目指して，その完了が社長襲名披露宴（会長への就任）の日となるよう設定しました。事業承継することが真のゴールとなるように計画表には，次の項目を記載しました。

1．誰が後継者となって，事業承継するのか
2．いつ後継者に代表を譲り，社長を退任するのか
3．株式と経営に必要な資産は，後継者にどのように移転するのか

③ ソフトな事業承継計画表

後継者の人間教育に終点はありません。入社と同時に社内でのOJTを開始しました。そして，古参役員を教育係とし，経営のイロハから，客との付き合い，酒の飲み方まで，実地で教え込ませました。このOJTを通じて，今後，息子自身が採用するであろう，新入社員への教育も経験でき，彼の社長としての人間力が鍛えられれば一石二鳥だと考えました。それに加えて，同じ釜の飯を食う同期生は，将来の右腕にもなりますからね。

入社から1年後には取締役に就任して，銀行業務や業界団体へのデビューを果たし，経営者の仲間入りをさせます。また，東京商工会議所の経営者研修会やイベントへの参加，ライオンズクラブなどの地域活動を通じて，人脈も形成させなければなりませんでした。

こうして計画通りに承継を完成させて，社業がますます発展していくことを願いました。

さらに「ソフトな事業承継計画表」には、次の項目が必須です。
1．後継者の「経営者専門知識教育計画」
2．先代の人脈引き継ぎリスト
3．外部教育機関での学習
4．OJTの順序と計画
5．新経営計画の樹立

④　経営者は，計画的に作るものです

　事業承継士から「次世代経営者が中心に座る『未来予想図』を事業承継計画表として作ってみてはどうですか？」と提案され，次のステップとして思案してみることにしました。

　「後継者との代表交代の日時」の決定，「株式の移転」と「後継者・新幹部の育成」を実行，「外部関係者の承認」を取得し，これらの一連の流れを一つの表にまとめて，全体図を完成させていきます。

　早めに着手すれば，現社長の関係者が若いうちに引き継げるメリットがあるとのことです。

　また，人脈が高齢化する前に実施すれば，同時期に全員が引退してしまうリスクが回避できるので，実施する価値は高いと考えました。

　　　　　　　　　　　＊　　　　　　＊

● 事業承継士の対応

　事業承継士は，先代経営者のサポートからはじまり，経営全般のアドバイス，やがて息子の成長を横から支える伴走者として，長期的に相談相手となってくれる人物が相応しいと考えました。

　若い世代と創業社長の中間的立場で，両者の意見調整や，場合によっては第三者的な客観的な視点から，意見を発してもらえるようにお願いしました。従業員研修の計画を練り，講師を務め，社員との親交も深めていただいたようです。

● 解決方法の発見過程

　ここまで，一歩一歩進めてきたのですが，社長の寿命が，意外にも，ずいぶんと早く尽きてしまったのです。死は誰でも避けて通れない宿命ですが，まさかこんなに早くその時が来るとは，誰も思いもしていませんでした。

　事業承継を人生の最大のテーマと考え，思春期の息子の父への反抗心を最低限に抑え込み，早目に子息へのバトンタッチを考えながら，家族間で話し合いを持ち，周囲へ息子の教育を依頼しながらも，実現を半ばにしてこのような事態に陥るとは……。

　しかし，この窮地から会社を救ったのは，なんと父と同じ世界へは行きたくないと主張し，独自の学部を選択し，自分の自我の形成を優先させた，息子でした。

● 最終的ゴール

　彼は，急死した父の後を継ぎ，社内を掌握し，安定経営へと導いたのです。

　社長就任から数年後には，取締役を3人体制にし，トロイカ方式での経営体制を構築させました。

　グループによる集団運営は，カリスマ性を強く持つ創業社長からの事業承継としては，効果的な方法の一つです。

　そして，高額の相続税の納税資金は，父の生命保険で賄われました。旅行好きで飛行機に乗ることが多かったので，十分な金額に加入していたからです。

　また，遺産分割協議では，妹たち2人とその婿さんには投資物件のマンションや現金資産を渡し，自社株式は従業員持ち株会と，代表取締役に就任した長男が掌握しました。

● **ここから得られる教訓**

「教育は早く始めるほどよい」
「実務教育は社内で」
「経営者教育は専門家から」

　次世代の経営者を育てるには，長期的な計画を持ちながら，子育ての時代から意識して後継者を育てることが必要です。

　とくに200年を超えるような老舗には，「家訓や言い伝え」「先祖の教え」として，子育てのルールが明確に残されています。

　たとえば，代々同じ学校に入るとか，3歳から修業を始めるとか，乳母の役目をする近親者や，父の代わりとして厳しく教育する近親者も，代々決められているようです。

　まさかすべての事業承継で，子供の教育までさかのぼって考えていくことは不可能でしょうが，気づいたときがベストタイミングと思って，すぐに子育てを修正しましょう。

　もう一つは，コンサルタントの活用です。

　事業承継士の特性の一つに，教育分野での実力があげられます。もちろん個人差はありますが，厳しい資格試験の受験勉強を通じて，互いに学ぶ仲間作りから始まり，先輩や後輩と共に学ぶネットワーク形成能力も高く，ある程度の年齢であれば，子息の教育係に最適であるといえます。

『後継者は，自然に育つものではありません。
　意識して造り上げるものです』

[パターン2] 親→娘婿などの義理の子供へ

資　本　金	1,000万円	承継時期（予定年度）	2011年
従　業　員	11人	その時の現経営者の年齢	70歳
設　　　立	1970年	その時の後継者の年齢	38歳
業種・業態	食品製造→卸販売，百貨店への納入		
当社の強み	自然食品に強く，大手百貨店の信頼が厚い		
承継の時	他人に譲るつもりが，嫁婿が後継者に急浮上		
承継ポイント	手塩にかけて取締役の育成を行う		

【社長談】

　私は高卒で，東北から集団就職して，上京しました。それから，毎日毎日，夢中で働いた結果，この会社の社長として，それなりの成功を手に入れたのです。

　当社は創業から40年ですが，私たち夫婦には男子が授からず，娘二人は結婚しております。

　これまで永い時間，私は悶々と考えていた後継者問題について，70歳の誕生日に意を決することにしました。

　子供への承継をあきらめることにしたのです。

　そして，古参の営業部長に後継者の白羽の矢を立てることにしました。そのことを経理担当の妻に相談しましたが，妻は違和感があるといいます。やはり，一緒に苦労をともにし，大きく育てた会社を他人に渡すのは忍びないというのが，正直な感情なのでしょう。

　また，相続税が気になり税理士に相談しましたが，前提条件となる「家族・相続人の同意確認」が取れていないことにも気がつきました。「会社のことは，家族に相談しても仕方ない」という諦めが原因でした。

　そこで，事業承継士の意見に従って家族会議を開催し，親族全員から「後継者は他人」にすることを確認することにしたのですが……。

　ところが予想に反して，母の経理を手伝っていた次女の婿が，今の会社をやめて後継者として入社の意思を表明してくれました。

私一人だけの「決めつけと独りよがり」な考えで後継者を選んでいたら，大変なチャンスを無にするところでした。実は，婿は勤務先でリストラにあったのです。しかし，誰にも言えずに悩んでいたところに，この最終確認が行われ，絶妙なタイミングで転職の決意を固めることができたのです。
　この後は，娘婿を後継者に立て，経営者として教育し，事業承継計画を作って経営を任せていくことにしました。

① 家族会議の目的と準備
　今回行った家族会議には，他人を入れず，事業承継士をオブザーバー（裏方）として活用することにしました。相続対象者は「配偶者も同席」し，社長である私が議長として，全体を仕切ることになりました。
　そして，開催の目的が会社情報の開示と，後継者選びであることを明確に発表しました。
　後継者の選定については，当社では間一髪で逃れることができましたが，一族の異論を除き，他人への譲渡やM&Aを実施しなければならないこともあります。その場合にも，社長は具体的な引退スケジュールを発表していかなければなりません。
　また，会社の現状を具体的に，数字で説明もしなければなりません。株価評価額，相続税の概算なども発表していきます。そのためには，情報の整理と「会社の見える化」が必要となります。したがって，娘たちには，事業の実態・収益の状況・資産や借入金・個人保証などをわかりやすく説明しなければなりませんでした。とりわけ，当社には本社建築時の長期債務がありましたから，代表になれば個人保証が不可欠です。
　このように，会社のかかえている負の遺産があることが，私が事業承継をためらってきた本当の理由なのです。

② 相続対象者の意思確認
　この後からは，相続・遺贈などで株主となる（議決権を有する）親族な

どに,「誰を後継者にするか」「いつから代表が代わるのか」など,きちんとした説明が必要となります。

当社では,「他人に譲ることへの同意」「これが最後のチャンスだが,誰も継がないね」と,最後に正式な後継放棄の確認を全員に対して迫りましたが,これは重要な証拠として残さなければならない作業です。

議事録を作り,参加者全員が署名捺印をすれば,後々の揉め事の種を残さずにすむというものです。このときばかりは,他人行儀にセレモニーを行うべきでしょう。

そして最終的には,相続財産からの法定遺留分の除外に合意をさせ,全員の署名捺印を取りました。これで次女の婿さんが社長になる用意ができました。

③　後継者の選定と教育

中小企業の後継者には,一族の出身者がベターです。場合によっては,甥や姪,孫までを対象とすべきです。血縁者・婚姻者なら周囲から納得を得られやすいからです。まして債務保証が必要な場合には,金融機関の同意も楽に取れるようです。

娘婿が,本気で迫る私の一言で,人生を変える決心をしてくれたことで,「これまでの苦労が無にならなかった」という思いと,感謝の気持ちで胸が熱くなりました。

「娘婿は,他人ですが親族です。」鍛えれば,最高の経営者になります。同時に,母から娘へと経理面の引き継ぎも可能となり,経営面での相乗効果も生まれるはずです。

④　家族会議は,整理と発見の場

この結果から,事業承継士のアドバイスを受け入れて,家族会議を試してみて本当によかったと実感しています。もし,今,私と同じような状況でお悩みの方がいらっしゃれば,すぐにでも実施してください。

「結論を一人で決め付ける」ことをやめ，「事業承継は家族全員の問題」と再認識し，「自社株は相続財産と区分する」ことなどを明確にすることです。
　そして次に行うことが，事業承継計画表の作成（経営承継円滑化法の申請にも活用できる）になります。

＊　　　　　＊

● 事業承継士の対応
　事業承継の相談を毎日のように受けている私でも，この事例にはビックリさせられました。
　かくれていた本音が意外な場面で出てくるような事例には，何回も出会っていましたから，今回も家族会議で最終確認を行うように促しました。そのためには，ある程度，形式張った席が必要だと思いましたが，さすがに株主総会では重過ぎると思って，家族会議を提案しました。
　仲の良いご家族ならば，折に触れての会食や誕生パーティなどを開催しているはずです。しかし，この家族会議は少しだけフォーマル色を強くして，議長選任から書記を決めて議事録を取るようにして，いつもと違う公の場であるという演出をしてもらいました。
　会場も近くの区民館の会議室で，式次第を模造紙に書いて張り出して，しっかりと運営してもらいました。
　そして，すかさず経営承継円滑化法の確認申請を行うことにしました。税額が大きくて……というよりは，後継者側の株式購入資金が心配でしたので，日本政策金融公庫の事業承継融資の特別枠を使用して，別枠の資金を得るためでした。

● 解決方法の発見過程
　じつは，婿さんの話は，それとなく会計担当の娘さんから聞いていました。父のことを尊敬している，仕事に興味がある，今の勤めがいやになっている……などの情報が事前にあったのです。

人は，タイミングで動きます。

勢いとか，偶然の要素は大きいのです。

その中でちょっとした変化の兆しを発見できるかどうか，経営者には鋭い感受性が必要なのではないでしょうか。

●最終的ゴール

「娘婿こそ最強の後継者！」といわれています。

あの有名な逸話があります。町工場から世界屈指の自動車会社に成長した鈴木自動車は，銀行員から入り婿になった鈴木修会長兼社長が立て役者でした。

逆に，ヤナセの社長にまでなっても稲山の姓が捨てられずに，一族の長となりきれず，取締役を解任された話は，同じ自動車の世界でも，事業承継が一筋縄でいかないことを示しています。

●ここから得られる教訓

「婿さんは半分他人だから厳しく接することができる」，そんな風にお話をされる経営者がいます。実子と違い情に流されることなく，合理的に理性を持って教育に当たれるというのです。

これは言い得て妙。まさに事業承継の金言です。
後継者にふさわしい婿取りができたら，お嬢さんのお手柄です！

娘を持って，男の子がいないと嘆くのは早計です。もう一度このお話を味わって，ご自分の会社で婿さんが活躍できないだろうかと，思い巡らせてください。ただし，財産の承継は慎重に！　夫婦は別れれば，ただの他人になります。

そのときに貴社の株券を持たせていたら，どうなるのでしょうか？

ややこしいことにならないように，よく話し合ったうえで，「株券は娘か孫へ贈与する」というように，遺言書をしたためる配慮も必要かもしれません。

[パターン3] 甥・姪，いとこ・ハトコなどの遠縁へ

資　本　金	2,000万円	承継時期（予定年度）	2009年
従　業　員	25人	その時の現経営者の年齢	78歳
設　　立	1965年	その時の後継者の年齢	28歳
業種・業態	建設業		
当社の強み	ゼネコンの下請ではなく，技術のある手仕事集団		
承継の時	実家の法事で，後継者とめぐり合わせてくれた仏縁		
承継の注意点	実力がつくまで我慢する，寿命との根比べ		

【社長談】

　私は，腕の良い大工として，父や多くの職人といっしょに毎日現場で働くのが大好きです。木の香りと金槌の音が生きがいなのです。

　当社は，田舎から出てきた兄弟が作った大工の集合体で，注文で家を建てる工務店です。昔かたぎの職人が多く，社長とか専務と呼ばれるよりも，棟梁とか親方と呼ばれたい人たちの集団です。

　もっとも最近は，このような大所帯は珍しくなっています。自社で植林から製材所の運営，木工加工，カベ塗りまでこなしているのですから，社長になるには業務知識を広く求められますし，何よりも職人の上に立つには現場経験がなくては話になりません。

　私は，80歳を目前にするまで，事業承継なんて考えたこともありませんでした。

　会社は皆のものだから，誰か社長にふさわしい者が現れて，きっと自然につながっていくのだろうと，たかをくくっていました。

　ところが，銀行の支店長から，「あなたの年齢では，新規貸出しは1年返済に限ります」といわれてしまったのです。

① 実年齢は，外部の人がわかっている

　自分の年齢を感じる場面は，どのような時でしょうか？

　一番多くの方が口にするのは，「友人の葬儀」「配偶者の病気・怪我」だ

そうです。ここにおいても,「自分の病気」ではないのです。
　「歳は外側からやって来て身体の真ん中に居座る」らしいのです。いくら元気で現役でも,周囲や社会から見るその人の価値判断は,年齢という尺度を度外視できないのです。

②　個人保証の賞味期限・肩書きの賞味期限
　金融機関には,年齢ラインが存在します。
　○**平均寿命－借主の年齢＝貸付金の返済可能年数**
　つまり私の場合なら,79.5歳－78歳＝1.5年,つまり18か月で返済可能な額しか,新規借入れができないということでした。
　それがいやなら,もっと若い後継者を連れて来て,連帯保証人として実印をつかせろという厳しい内容でした。
　今まで30年以上もつき合ってきた支店なのに,これまでの取引実績はあまり評価されませんでした。

③　工場の建替えという事業承継もある
　私が自分で建てた製材工場が,老朽化のために建替えが必要になっていました。そのためには,資金がどうしても必要なのですが,バブル崩壊で下がったままの田舎の地価では,担保余力もありませんでした。
　自分が歳をとれば,自分の周りにあるものも,すべて劣化していきます。

④　人間関係が枯れてしまうこともある
　とくに激しく変化するのは,相手がサラリーマンの場合の「人脈の劣化」です。
　つまり,取引先や仕事関係のつながりで付き合って,一緒に生きてきた仲間が,どんどんと定年を迎えて退職し,仕事上のつながりが切れてしまうのです。
　仲の良かった担当者が辞めたとたんに,受発注の仲も途切れがちになる

ことが多いと聞きます。

　また，新しい担当者に代わると，実績を出そうとして価格交渉が再度行われたり，見積り合わせがあったりして，利益率が落ちることも起きます。

⑤　仏縁が結んだ人と人の出会い

　大きな法事が田舎でありました。久しぶりに菩提寺を訪ねて，私は少し心の疲れが取れた気がしていました。

　そんな気持ちの良い秋の日の昼下がりに，古い檀家の寺の軒を修理している若い大工がいました。年に似合わない古い道具を使っているので話しかけてみると，なんと同じ村の遠縁の親戚でした。彼の古い道具にも見覚えがあったのは，本家の土蔵で見かけた物だったからでした。

　私は，縁者を頼って養子縁組を申し込みました。その日の印象が強烈で，とても大きく心に残っていたので，熱い思いが言葉をついて出てきました。

　「わしの跡継ぎになってくれんか」

　幸いにも，本人が大勢の人と一緒に修行したいと言ってくれたので，事はとんとん拍子で進みました。

　金の卵ではありませんが，真鍮の珠は，多くのベテランに磨かれて，どんどん技術を吸収し，立派な職人として成長しました。

　17歳の春からですから，今年で12年がたちました。

　干支がひと回りして，すっかり職人の風格がついた彼を取締役にして，当社は新しい成長へと向かうことができました。

　また，自社株式の購入資金は，経営承継円滑化法を活用して，日本政策金融公庫の事業承継特別貸付を利用しました。

＊　　　　　＊

● 事業承継士の対応

　職人は，職人の世界でしか成長できないのでしょうか？

　技は伝承であり，マネから始まるといいます。

　経営者も同じではないでしょうか？

経営という職能は、自分の会社だけの純粋培養で身につくような、なまやさしいものではないでしょう。とくに今の時代は、経営者が学ぶべき事柄は、実に多岐にわたります。

一日も早く、経営の専門家から手ほどきを受けるべきではないでしょうか？

伝統的な手工業の世界でも、事業承継の考え方や計画づくりが有効なことが証明されています。

●解決方法の発見過程

養子縁組は、古くから取られて来た合理的な事業承継の方法です。

資産と経営の一体化が可能で、後継争いが起きにくいのですが、人物を選ぶタイミングが難しいのです。余り小さいときに、子供時代の印象だけで養子にすると、思いが外れたときに落胆が大きく、新たな後継候補との間にトラブルが心配されます。

人間を選ぶのは、本当に難しいことです。

青年期を越えて、ある程度自意識が出るころを見計らって、「お試し入社」「お仕事体験」「おじさんの家に合宿」……インターンシップのように気軽にチャレンジする機会を作り、とくに奥様との気心の通じ具合を試してください。

そして、他の一族の承認をもらいましょう。

株主であるかは重要ですが、それ以上に近くから後継者を見守り、応援してくれるように、一族の仲間入りをさせておくことが必要です。

家族会議を開催し、長老格の本家筋に挨拶を通しました。おかげで一族からの仕事の受注も増えました。

●最終的ゴール

養子さんが、本当の父母から離れて、ここで自分の人生を終わらせるという、心底からの決断が必要になります。

「一緒の墓」に入ってもらえるか？

そんな「もの言い」はないでしょうが，相手の気持ちを十分にわかってあげたうえでの養子縁組，取締役登記，代表権の委譲，というのが流れとなります。

後継者は，代表就任にあたり，個人で金融公庫から株式購入資金を借り入れます。連帯保証人として会社が入ります。担保は，当社の株券です。贈与税の支払いに充てる場合や他の事業継続に必要な資金とすることも可能です。

本当に，素晴らしい制度ができたものだと思いませんか。

●ここから得られる教訓

神も仏も皆が見ているのです。

心を尽くして探し回れば，どこに出会いがあるのかわかりません。後継者を広く求めることで，新たな発見があるのです。

その時が，いつ来てもいいように，会社を磨き上げ，より良い経営をすることが肝要です。

[パターン4] 親→妻，兄弟などの同世代へ

資　本　金	1,800万円	承継時期（予定年度）	2011年
従　業　員	7人	その時の現経営者の年齢	72歳
設　　立	1960年	その時の後継者の年齢	65歳
業種・業態	不動産賃貸業			
当社の強み	学校の生徒を対象として，寮を委託運営している			
承継の時	代表である夫が急病で倒れたので，仕方なく受けた			
承継の注意点	本当に事業承継するべきなのか？　周りに踊らされた？			

【社長談】

　私は，少し前まで，ただの家庭の専業主婦でした。夫の手伝いで税務署に行ったり，多少の事務仕事を自宅で行うだけでした。

　当社は，先祖伝来の土地を多く所有し，父母の世代は農業を営んでいました。しかし，いつの間にか郊外に大学が移転してきて，この場所もにぎやかな町になってまいりました。

　私の主人は，一度も他人の元で勤めた経験もなく，自己流で経営を行い，地主が経営する殿様商売の賃貸業といわれていました。

① 未亡人が社長？　本当に事業承継するべき事業かどうか？

　私たちには子供がいませんから，70歳を過ぎて急病で夫が亡くなったとき，私は周りに押し上げられる形で，社長にさせられたのです。

　こんな形で社長になるとは思ってもいませんでしたから，何の準備もなく，ただただ銀行や税務署との書類のやり取りに忙殺されていました。

　やっと落ち着いたのは，一周忌を迎えるころでした。

　ふと我に返ると，なぜこんなことをしているのだろうかと，自問自答しながら苦しんでいる私がいました。

　お金のためではありません。残された日々を賄う資金は，十分にあります。それよりも，亡き夫の遺志を継ぐ，あるいは先祖伝来の資産を守る，そのような目に見えない呪縛があったからです。

② 所有と経営の分離

　地主として資産を持ち続けることは，今の相続税制では至難の業です。何の対策も講じなければ，三世代で資産は無に帰す計算です。

　大げさな話ではありません。

　現実に，東京都世田谷区などの高級住宅街では，相続税の支払いのために一区画が細分化されてミニ宅地開発が頻発し，街そのものの資産価値が低下する現象すら起きています。

　とくに不動産賃貸業が後継者難の場合には，悩ましい問題なのです。

　経営承継円滑化法では，一部の不動産賃貸業・資産管理会社と性風俗業は除外されています。経営承継円滑化法が，金持ち優遇と揶揄されないためです。

　株式会社が土地資産を所有すると，取得原価にもよりますが，数十年の歴史の中で値上がり益が反映し，株価が70倍になった例もありました。

　会社に資産をため込んでも，所有者が株式の相続で悩めば同じ結果です。

　たしかに，不動産事業の経営者は，他社から雇い入れることも可能ですが，不動産の所有権が問題を難しくさせます。

　当社でも，従業員の大半が親族でしたから，私の一存で廃業したり，簡単に辞めるに辞められないのです。

③ 新たな選択肢と第二の人生

　資産は，使う人の気持ち一つで，とんでもない重荷になってしまいます。ましてや，事業用資産と個人の相続財産が切り離せないときは，代表取締役だけ交代することもできません。

　さらに，子供がいないので財産の承継者もいませんから，個人資産も行き場がないのです。

　自分の死後に，残された資産はどうなるのでしょうか？

　子どもがいないご家庭では，本人や配偶者の親，兄弟へ相続されます。この方々が亡くなっていれば，その子供たちへと配分されて行きます。

甥や姪，イトコハトコ，遠縁の人々……最終的には国庫に帰属します。

夫を亡くして悲しみ暮れる間もなく，追い打ちをかけるような酷な現実が待ち構えています。

そこで，事業承継士に相談し，自分の思う通りの未来設計図を作ることにしたのです。

④　寄付行為は，未来を自分の意思で決めること

長きにわたって，学校の寮として賃貸している物件を，学校に寄付することにしました。死亡時遺贈契約を作成し，成年後見人を指名し，信託銀行と相談して，20年後の未来予想図を作り上げました。

計画書に従って，この物件は建築者である夫の名前と寄付者である妻の名前を冠して「○○寮」と名付けられ，手持ち資金の大半を投入して大幅なリニューアル・リフォームが施され，見違えるほど素敵になりました。

＊　　　　＊

●事業承継士の対応

この方とは，事業承継シンポジウムの合同相談会場で，はじめてお会いしました。

相談の当日は，ずいぶん思い詰めた様子で，緊張で顔がこわばり，疲労がにじんでいました。

そこで，しっかりとお話を伺うことに時間を費やしました。

誰にも本音が言えず，ご主人亡きあとを，未亡人として一人で頑張って来られたこと，孤独な本音が，堰を切ったように流れ出てきました。

●解決方法の発見過程

悩みを持ち人生に迷っている人でも，本当はご自分の心の内に，新しい方向性が潜んでいます。ただ，それに自分では気がつかないのです。しかも，大勢の親せきや企業取引の関係者が，何とはなしに監視しているような環境です。また，この未亡人は被害妄想のきらいがあり，自分が亡く

なって喜ぶ人が大勢いるなどと，心のバランスを欠く話もありました。
　そこで，今までの急激な環境変化の流れを整理して，時系列に一覧表にまとめました。頭の中でぐるぐる回っていた話が，他人の目を借りて客観的にまとめられると，自分の置かれた境遇がハッキリと，目に見えて来るようでした。
　今の状態から抜け出すには，選択肢は三つです。
　メニューが示されれば，どれが一番自分の望みにかなうのか選ぶだけですから，ずいぶんと気が楽になったようでした。

●最終的ゴール

　結局，奥さまは，事業の発展的解消を選択しました。
　全社員に規定以上の退職金を用意して事業を清算し，廃業することにしました。つまり，社長を3年後に辞めるという決心をしたのです。
　そのご希望に合わせて，「仕事の手仕舞い計画表」を作成しました。
〔☞6章参照〕

●ここから得られる教訓

　夫亡き後に，妻が経営のハンドルを握る場合が，最近増えています。
　その理由は，男女の平均寿命が7歳以上も違いますし，女性は一人になっても自立して，しっかりと生きられる方が多いからです。
　その点，男ヤモメはダメですね。
　よほどしっかりと自分の生活能力を上げていた人以外には，妻に先立たれたショックで，心と体のバランスを崩す人が多いですね。
　筆者が事業承継セミナーをやらせていただく東京商工会議所の女性経営者の会では，80歳をとうに超えた現役社長や，息子に譲りながらも院政を敷いて，厳然たる実力を行使されている方もいます。
　しかし，その実態は，「引き際を自分で決められない」だけなのではないでしょうか？

女性経営者が現職に居続けてしまうのは,「肉体的に若い・頭がハッキリしている」という傾向が強いからですが,それよりも「次の世代を育てるのが苦手」「自分の年齢を意識していない」というのが,筆者の結論です。

　女性の経営トップが意識しておくことをまとめます。
　① 男性の部下を,後継者に育てる計画を持つ
　② 女性の幹部をムリに作ろうとしない
　③ 具体的な引退計画を年齢を入れて作る
　④ 自分が最高齢という会合が多くないか
　⑤ 安定経営と投資リスクのバランスを考える
　⑥ 元気なうちにハッピーリタイヤ計画を作る

　いつまでも会社に縛り付けられていないで,元気なうちに第二の人生へ向けて,夢の実現に乗り出しましょう。

[パターン5] 親→従業員，取締役など社内の他人へ

資 本 金	1,000万円	承継時期（予定年度）	2011年
従 業 員	15人	その時の現経営者の年齢	69歳
設　　立	1985年	その時の後継者の年齢	55歳
業種・業態	コンテンツ制作業		
当社の強み	ニッチなIT分野に特化している		
承継の時	業績不振のどん底の不景気の中で廃業を模索していた		
承継の注意点	後継者に合わせ，持てる大きさに小さくしてから渡す		

【社長談】

　私は，ITの技術者として育った大手企業から独立して，この会社を創業しました。小さいけれど，技術力には自信のある，エンジニア主体のまじめな会社です。

　当社は，コンテンツの制作業に特化したニッチな分野ですが，実力もあると定評をもらっているIT企業です。

　それなのに，70歳を目前にした私は，廃業するか迷っていました。実は，リーマンショックによる受注減少が大きく，事業の先行きに不安を抱え，借入金の返済に追われ絶望的になっていたからです。

　しかし，当社には，多くの回復可能性もありました。

　やる気があり，技術レベルも高い幹部社員が残っています。

　また，クライアントから重要な制作データも預かっており，これは，取引先からの信任が厚いという証拠です。

① 労務費用や廃業コスト

　安易に廃業をすると，かえって大きなコスト負担が発生することが，調べてみてわかりました。

　単純に会社をたたむといっても，その手順は意外に面倒で，法律的にも道義的にも経済的にも，大きな負担があります。

　それに，廃業の選択で最後まで頭を悩ますのが，以下のような従業員の

雇用対策です。
- 退職金の手当て
- 予告手当が1か月分必要
- 再就職の斡旋など

② 後継者の存在

そして，もう一つ問題となりそうなのが，事業承継の可能性です。

後継者が居るかという点ですが，当社には役員候補者がおりました。

そこで，本人に廃業することを相談したところ，それなら「自分が背負って行けるくらいの規模に会社を小さくし，社長をやらせて欲しい」と，潜在的な意欲がはじめて外に現れました。

③ 辞めるよりも続けること

そこで，事業承継士を交えて，再生計画を立てることにしました。

借入金の返済を見直し，不採算部門の整理，売却可能資産の現金化，在庫処理，人員削減を進めたのです。いわゆる企業再生の王道を行くオーソドックスな改革手法を粛々と進めながら，後継者が望むような，コンパクトで身軽な企業へと変身させていきました。

④ 長期債務と株式の交換

これで私は，未払いの自分への報酬や，回収不能となった自社への貸付金を放棄し，生命保険を中途解約し，最終的には積立金を取り崩した「退職金を手にしてハッピーリタイア」したのです。

後継者は，実質ゼロ円で自社株を100％手にしましたが，金融機関に長期債務を返済し続けることを約束し，保証人となることと引き換えに当社の経営権を手に入れました。

⑤　リストラ後にV字回復「経営革新計画」承認企業へ

　そして私は，相談役として，外部との会合や，重要顧客との面談を行いましたが，経営と実務には一切タッチしませんでした。

　リストラにより，私と年齢が近いベテラン層は退社して，会社は一気に若返り，現代風の明るい職場に生まれ変わったのです。

　人員は半減し，事務所も裏通りの狭い場所に移転になりましたが，ソフトな経営資源である「ブランド」「歴史と信用」「優良顧客」「ノウハウ」を引き継いで，事業承継から6か月で業績は底を打ち，回復軌道に乗ることを果たせたのです。

　社内に滞留していた古い空気は，事業承継によって入れ替えられ，新時代への対応力ができ上がりました。

　もちろん，現社長の社会的責任は重く，私から引き継いだ長期債務の返済は厳しいと思います。

　しかし，夢のある仕事と将来の展望もあると思えば，高値で株式を買って，長期分割払いしているのと同じだと考えることもできるでしょう。

　むやみに廃業へと逃げ込むよりは，実現可能な再生計画を作成し，関係者の理解を引き出し，次世代の経営者へ経営のバトンタッチを行うのも，新しい考え方だったと，この結果に満足しています。

＊　　　　＊

●事業承継士の対応

　少子化の影響でしょうか？

　最近，とくに増えているのが，従業員への事業承継の相談事例です。

　事業承継士は，先代経営者のサポートから，販路拡大にはじまり，経営の全部の場面で相談役となり，話し相手を務めました。

　これといった問題解決を行うというよりは，社長の考えを整理する「鏡のような役割」に徹してきました。いわゆるセカンドオピニオンとして，「世の中の標準と比べて，こうである」という意見を言うようにしてきました。

いわば経営者の鏡となり,「あなたは今,こんな風に見えていますよ」というように,セカンドオピニオンとして意見具申をしました。

● **解決方法の発見過程**

廃業という究極の選択肢を真剣に考えた後ならば,「これよりもひどい状況になったらやめよう」という,引き返せる最後の一線が見えてきます。そうすると人は,逆に安心して,前向きになることができるのです。

不退転の決意よりも,背水の陣を敷くことよりも,「ここが水でいっぱいになったら,もうやめよう」と決意することが大切でした。

そして,再挑戦する勇気を,若い後継者からもらいました。

実務的には,金融機関への債務保証の問題が最後まで残りましたが,ここは粘り強く交渉するしかありませんでした。

一時的には,二代表で運営を行うことや,会長として実務を補佐することや,新社長の自宅を担保にすることなどで,新経営計画と資金繰表を承認してもらい,ようやく長い交渉にピリオドが打たれました。

● **最終的ゴール**

創業社長は,自分の資産を再度会社に注入することが可能です。
後継者が困っているならば,資本家としてお金を出してあげましょう。
自分が作った会社ですから,ある意味,惜しくはないでしょう。
しかし,**経営に手を出しては意味がありません。**
後ろ手に手を組んで,遠くから眺めていられるならば,本当の意味の資本家として認められることでしょう。

● **ここから得られる教訓**

社長の大きな仕事に,「後継者の発見と教育」があります。
「うちは中小企業だから,ロクな人材がいない」とか,
「採用したくても,来てくれない」とか,

泣き言を言う前に，魅力的な会社にするための「磨きあげ」に努力してください。

社長のわがままに付き合ってくれる，子飼いの社員は可愛いものです。その中から次の社長を作り上げることができたら，それこそが人生の最高傑作ではないでしょうか。

また，資金繰りについては，事業承継の困難企業として，経営承継円滑化法で事業承継融資を受けることが可能ですので，別枠で新たな融資も可能になります。あきらめずに交渉しましょう。

事業承継に勝つ！　7つのキーポイント

1．一日も早いスタートが，幸せを呼びます
2．迷っている人は，事業承継セミナーから始めましょう
3．困ったら，事業承継士に相談するのが早道です
4．一人で相談に行きにくいときは，友人や顧問税理士に同席を依頼
5．教育で何から手を付ければ良いかわからない時は，「後継者塾」があります
6．事業承継の課題は，お金の問題が多い。最後の決断が肝心です
7．事業承継士は，秘密厳守なので安心です！

[パターン6] 後継者を他社から招いた場合

資　本　金	1,000万円	承継時期（予定年度）	2011年
従　業　員	12人	その時の現経営者の年齢	70歳
設　　　立	1985年	その時の後継者の年齢	38歳
業種・業態	設備機械のメンテナンス業		
当社の強み	腕の良い職人がいて，スピーディーなサービス提供		
承 継 の 時	子供がいないので，取引先から招聘した		
承継の注意点	会社を引き渡すときに，急に惜しくなった		

【社長談】

　私は，今年で70歳になり，創業から25年を経過しましたが，まだまだ元気満々で社長をしております。当社は，特殊な分野のメンテナンスの仕事が多いため，経営内容は上々で，利益準備金も積み上がっています。

　しかし残念ながら，私たち夫妻は，子どもを授かることができませんでした。そのため10年前に，妻の実家から遠縁にあたる者を後継者候補として入社させました。しかし，技術者で経営には興味がなく，とうとう承継を拒否したので，他から後継者を探すことにしたのです。

① 後継者候補がいない場合

　平均して，経営者の数十組に1組は，子どもがいないそうです。そうなると，後継者選びは，重要な経営課題として認識され，早めに事業承継を考えなければなりません。その選択肢は，次のように考えます。

　　○親戚筋から血縁者を入れる
　　○従業員の中から選ぶ
　　○同業者に紹介を依頼する
　　○取引先や発注先から探す
　　○ヘッドハントする

などがあげられますが，当社ではたまたま知り合った取引先のサラリーマンだった人物を「引き抜いて」入社させました。

② 他人への株式譲渡の注意点

　後継者として選んだ人物は，当社に原材料を卸す大会社の担当者でした。業務知識もあり，管理職としての知見も高く，業務能力も十分なため「この人物だ」と直感した私は，3年をかけて口説き落として，当社へ来てもらいました。

　しかし，後継者の方は「聞くと見るとは大違い」をまざまざと体感したようです。入社してからは，現実とのギャップに苦しんでいましたが，持ち前の努力で何とか会社に溶け込んでくれました。

　私は，入社時に後継者に株式の34％（会社法上の1／3以上のライン）を買わせようとしました。その後，10年をかけて分割払いを受け取り，最終的には死亡時遺贈契約書を記入するという，事業承継計画表を作成したのですが……。

　残念ながら，後継者はサラリーマンでしたから，株式購入資金が手元にありませんでした。

③ 事業承継のための資金準備

　そこで，私は，事業承継士から指導を受けて，「経営承継円滑化法の金融支援」を受けることにしたのです。そして，事業承継に必要な株式買取りの資金（M&A，継承のための特別費用）を賄う事業承継別枠資金などが融資されることを知りました。

　個別企業ごとに審査があるため不可能な場合もありますが，従来の融資とは別に，新たな信用保証枠を創設することができるそうです。

　信用保証協会と日本政策金融公庫が，実行の窓口となっています。

④ ソフトな事業承継とは

　後継者の教育や業界への顔つなぎは，社長としての最後の重要な仕事となりました。信頼関係や取引の信用を従来通りに取り付けることが，今後の営業を楽にするからです。

私は，後継者の成長を願って，最善を尽くしました。

ところが，新社長が，自他共に認められトップとしての機能を立派に果たし始めると，なんとも言えない「焦燥感のような思い」に襲われました。

お恥ずかしい話ですが，私はこれまでの態度を一変させ，後継者のやり方に異を唱え，邪魔をする，勝手に従業員に命令する，取引先に一人で出かけて愚痴を言ったりする……などの経営への手出し，事業承継の阻害行為である「老害」を行ってしまいました。

⑤ 引退後の人生設計は不可欠

なぜ，こんなことをしてしまったのでしょうか？

創業者の悲哀ですね。

自分の人生そのものといえる会社を，他人の手に渡すことへの反発だったのでしょうか。それよりも創業者としての想いが残り，燃え尽きない仕事への情熱のガス抜きが不十分でした。

そんな私の態度を見かねた事業承継士が，「これまでの，自分の偉業を記録に残しみてはどうですか？」と，アドバイスをくれました。

人は，死して「名を残す」もの。

そこで，自分史と社史沿革を作成し，創業者としての「思いをカタチにする」ことにしたのです。

そして，社長交代のタイミングで自分史を出版し，従業員，取引先，家族へ配布しました。

こうして，やっと本当の意味で社長を引退することができ，ジェラシーにも似た自分の気持を治めることができました。

*　　　　　*

●事業承継士の対応

この方のようにときどき見かける，創業者としてのエネルギーが有り余っているタイプの社長さんに，このような事例が当てはまります。

ゆっくりと過ごすことが苦手で，何かしら働いていないと気がすまない

のでしょう。

　このような様子を見て，社長との話し合いの結果，私のコーチングによって，過去のご自分を探すことにしました。
　○いつから自分は社長として仕事を始めたのか？
　○創業の時の熱い思いは何だったのか？
　○最初の商売のアイデアはどこから思いついたのか？
　○困った時に助けてくださったのは誰か？
　このような質問に，自分の心の中から回答を探し出して行きます。
　そして，それを録音し，参考資料や写真，パンフレットなどといっしょにまとめて，出版社のライターや編集担当者に文章に書き直してもらうのです。
　自分で，すべての文章を書く必要はありません。今は便利な時代になり，ライターや編集請負人という職業もあります。

● 解決方法の発見過程
　社長は，この会社で，まだまだやり足りないことが，たくさんあったのです。
　その燃え尽きないエネルギーが熱いうちに蓋をしてしまったので，自分でもわけがわからない精神状態になってしまったのです。
　これが原因だと気がつくことができたら，対策はいくつかあります。

● 最終的ゴール
　創業社長は，会社の何から何まですべてを知っています。
　もし技術者ならば，そのことを生かして「個人の研究室」を設立します。会社の一角に邪魔にならないように，ひっそりと個人の名前をつけて看板を出します。たとえば，「内藤広告研究所」とか，「東條教育研究所」や「金子マネー研究所」などもいいですね。
　運営費用は予算化して，最低限度でいいですから，会社から出しましょ

う。
　年に一度は研究成果発表会を行って，従業員や新社長の前で実際に見てもらいましょう。レポートや研究成果を出版することも楽しいですね。
　社員は，なるべく近づかないようにします。秘書の女性も，直接の部下も不要です。
　コンセプトは，「一人静かに，好きな作業に没頭する」ことです。
　実際にこのアイデアをお勧めした企業で，既に成果が出ています。弁理士を呼んで特許申請に至るものや，大幅な作業効率の改善がみられ，「経営革新計画」の承認企業へと成功した例もあります。

● ここから得られる教訓
　人間は万能ではありませんし，ましてや「感情の生き物」です。
　人に会社をあげるという行為は，「禅譲」とか「献上」とか，とにかく「奉仕の心」と，「哲学的な達観」が必要になります。
　場合によっては宗教も大きな力になりますし，自分で好きなことをするためのNPOや一般社団法人を立ち上げることも可能です。
　燃え尽き症候群という，何もやる気がなくなってしまう方もおられますし，引退後の自分の心のコントロール方法は，本当に千差万別です。
　一つだけ申し添えるならば，「あなたが選んだ人に後を託す」のですから，渡す前に徹底的に教育したほうがよいですよ！

■ Colum 2 ■

一般社団やNPOを作ろう

　事業承継士の行う出口戦略の一つは，現社長のハッピーリタイアの演出です。
　そのために研究所を立てる方法以外にも，一般社団法人や特定非営利活動法人（NPO）を設立する方法があります。
　さらに，今はやりの社会企業家を目指すこともできます。

今までのように，経営者としての責任感や利益追求の義務感から少し離れて，社会貢献を大きな目的に働く場所を探しましょう。ピッタリくる組織が見つからなければ，ご自分で創業してしまいましょう。
　そうすれば一気に，次のことが片付きます。
① **会社を辞めたら行く場所がない。肩書がない。名刺がない。**
② **生きている目的が見つからない。張り合いがない。**
③ **仲間がいない。飲みに行く相手がいない。**
④ **年金以外の収入がない。自由に使える経費がない。**
⑤ **誰かに褒めてもらいたい。人の役に立ちたい。**

　実は，私自身が第二の人生として考えてきたのが，**一般社団法人事業承継協会**での活躍です。
　株式会社とは異なり，利益を配当することはできませんが，理事としての役員報酬や日当は取れますし，活動費や交通費などの経費は協会が支弁します。退職慰労金も取れますし，表彰を受けることも可能です。
　もう一つは，一般社団法人日本福祉車輌協会の顧問を務めさせていただいております。こうした社会福祉に重点を置く組織では，自由に意見が言える場を設けていますし，懇親会もあり，地域の支部活動も活発です。
　何よりも，人の役に立つ充実感が手にできます。
　逆に，会社にしがみつくことは，「老害」につながります。
　それよりも，新しい自分の世界を作って活動領域を広げましょう！

内閣府NPO
ホームページ　https://www.npo-homepage.go.jp/
〒100-8914　東京都千代田区永田町1－6－1　中央合同庁舎第8号館
　電話番号　03－5253－2111（大代表）
内閣府政策統括官（経済社会システム担当）
付参事官（共助社会づくり推進担当）

[パターン7] M&Aで事業承継

資 本 金	500万円	承継時期（予定年度）	2011年
従 業 員	4人	その時の現経営者の年齢	75歳
設 立	1980年	その時の後継者の年齢	33歳
業種・業態	燃料販売業		
当社の強み	住宅街をエリアに持ち，安定的な顧客が多い		
承継の時	子供が継いでくれないので，早めに廃業を準備		
承継の注意点	止めるには惜しいと思い，売却先を探した		

【社長談】

　私は，今75歳です。創業から30年間頑張り，事務所の隣接地に駐車場を経営するまでの資産を手に入れることができました。

　10年ほど前，長男が就職する時点で，事業承継を話し合いましたが，建築家になりたいという意思が固く，身内を後継者にすることは断念しました。

　当社は，これまで経常黒字ではありますが，仕事は肉体的にも厳しく，真夏と真冬が忙しく季節的な繁閑の差が大きい事業です。そんなことや，唯一の後継者候補であった従業員が高齢になってしまい，自分の一代限りで「仕事を手仕舞い」しようと思うようになりました。

　そして，誕生日に一大決心をして，他社に譲渡することにしました。

① M&Aや営業譲渡とは？

　廃業するには惜しいような，黒字経営を続けてきた事業は「売却が可能な」場合があるようです。当社も営業黒字であったため，営業譲渡が可能でしたので，そのために必要な次の準備を行いました。

　○第三者による株価の評価と会社価値の算定
　○資産簿価を現在価値に直す
　○事業の「見える化」を行う
　○会社を商品へと磨き上げる

② 売却手数料の誤解……

　売却相手を探す事業承継マッチングは，金融機関やM&A専門会社に発注するとコストが掛かります。その際に手付金（着手金）として50〜100万円ほど，成功報酬は1,000万円〜歩合制になっているのが，一般的のようです。それなりの額ですので，ある程度の企業規模・資産価格の大きさが必要で，売却希望価格との折り合いも求められるそうです。

　しかし，最近では小規模企業でも有利に譲渡できるケースが増えてきたようで，その場合には次の要件が必要だと，事業承継士からアドバイスされました。

　○特殊な技術や特許
　○専門分野に特化
　○免許や許認可，設置条件
　○資格保持者や高度な人材
　○伝統やブランド・知名度
　○立地条件の良い店舗・工場
　○取引先との口座・関係性
　○海外の現地法人・子会社
　○キチンとメンテナンスされた顧客名簿

③　ソフトな経営資源とは？

　事業承継士が言うには，当社のハードな経営資源は，決算書や登記簿謄本に書かれている「目に見える絶対価値」だそうです。

　これは，土地の価格や内部留保，売上と利益から計算が可能で，当社は売却可能な数字に落ち着つくことができました。

　ソフトな経営資源は，「個人に帰属するもの」が多く，従業員や経営者が身に着けている機能のことだそうです。

　これは，とくに算定が難しく，取引先との関係性や今後の事業の継続性，付加価値生産性の数値化を実施しなければならないとのことでした。

ここは，とくに大きく見解が分かれるので，事業承継士に相談することが必要なようです。〔☞第5章参照〕

④　当社をよく知っているのは誰か？
　当社では，M&Aの専門業者には依頼せず，事業承継士と顧問契約して，同業組合を通じて仲間への売却を模索しました。
　なぜなら，当社をよく知るのは，やはり同じ世界で活動を共にしてきた人たちだからです。仕事内容が特殊なだけに，同業者がいちばん当社の状況を理解するでしょうし，価格的な折り合いもつけやすいはずです。譲渡の話は，両者の納得のいく形で，よりスムーズに進行させるためにも，互いが信頼している人物に仲介を頼むことにしました。
　こうして当社は，ベストな方法で，なおかつ事業共同組合の事務局長にマッチングの労を取ってもらい，隣接地域を商圏とする同業者への売却を実現することができたのです。
　最後に，瑕疵担保条項（後日，約束と違うことが発覚した場合に契約を見直す約束）についての注意点をお伝えしておきましょう。
　譲渡の後で，もめる原因を避けるためにも，「従業員の去就」と，ご自身の「後見人としての残留期間・報酬・勤務条件」などは，文書で明確化しておくことをお勧めします。

＊　　　　　＊

● 事業承継士の対応
　相談対応の現場では，「当社はもっと高く売れるはずだ」「安く買いたたかれた」ということをよく耳にします。
　そこで，企業価値の見える化を行うように進言しました。
　○当社の本当の財産は何か？
　○当社のソフトな経営資源は何か
　○当社の儲かる仕組み，ビジネスモデルは何か
　よく考えてみると，当社の価値の源泉は，契約先という顧客からの目に

見えない信頼や，当社を安定的な燃料の供給会社として頼りにしている消費者の方々からの支持でした。

　個人の名簿をキチンと作成し，地域ごとに売上一覧表にして，販売先に開示することができました。これが，営業譲渡の価格調整の決め手になりました。

●解決方法の発見過程

　同業組合や地域の交流会は，ほとんどが縮小の方向です。他人のために自分を犠牲にして，全体のために奉仕する，そういう自己犠牲的な精神がなければ団体の運営が続きません。

　政府や行政から言われて，補助金や規制の取りまとめをするために，組織化された業界団体も多くあります。そういう団体は形がい化し，集金マシンと化し，天下りを誘発します。

　しかし，今でも本気で活動している団体がたくさんあります。

　もう一度，同業者の仲間に入ってみることも，けっして悪くない選択ではないでしょうか。

●最終的ゴール

　自分たちで描いていた引退後の生活とは，どのようなシーンでしょうか？

　「夫婦で船旅を楽しみたい」とか，「海外旅行へ行こう」，「のんびり温泉もいいね」などと話し合うことは，ありますでしょうか？

　しかし，現実には仕事に追われ，毎日のお金の苦労もあって，なかなか言い出せません。

　とくに，奥さまが経理担当や営業面でのサポートをしている会社では，こういうハッピーリタイアプランが作られることは，めったにありません。仕事一辺倒で来たご夫婦が，もう一度昔に帰って，手に手を取り合って旅に出るなんて，「今さらな～」とお考えでしょうか。

引退後は趣味もなく，仕事以外の個人の時間が大半になると，手持無沙汰でやることが見つからない，何よりも健康のために仕事は続けたい，という方もたくさんいます。

結局は，子息に任せたはずの会社に出入りして，煙たがられ，邪魔者扱いされて，かえって気分を害する方が多いのです。

ここは，スッパリと未練を断ち切って，第二の人生へと船出しましょう！

● **ここから得られる教訓**

引退後の人生設計は，少し早めに練っておきましょう。

「引退後は不動産賃貸業になって，収入と仕事を確保したうえで，のんびりと過ごそうと思っている。」

「夫婦で共通の趣味を持ちたくて，カルチャー・センターの会員になった。」

「スポーツクラブに一緒に加入した。」

そのようなお話も聞くようになりました。

古い世代の方々にとって，男女一緒に遊ぶことはニガテのようです。

会社を離れても社長気取りで，他人を見下した態度が抜けなかったりして，地域にもサークルにも溶け込めない方も見受けられます。

酒びたりの日々になったり，イライラを家族に爆発させるタイプもいました。

そうした方々には，一つの共通点があります。

それは，「視野の狭さ」，「想像力のなさ」です。

社会人としての品格や幅の広い教養が重要です。

小説を読んだり，映画を見たり，感性を養い，人の心の動きや感情表現に気がつく心を養いたいものです。

ハッピーリタイアプラン
『第二の人生計画を持ちましょう』

① 夢をかたちにする計画
② パンフレットを取りよせる
③ 説明会に参加
④ スケジュール
⑤ 資金計画
⑥ 留守の家を守る
⑦ 用具やウエアを買いそろえる
⑧ 体力を増強する
⑨ 語学を教習
⑩ 〆切があることを意識して早めに用意!!

[パターン8] 自己責任において廃業・休業，会社整理

資 本 金	1,000万円	承継時期（予定年度）	2011年
従 業 員	15人	その時の現経営者の年齢	69歳
設 立	1985年	その時の後継者の年齢	55歳
業種・業態	印刷業		
当社の強み	小回りの効くマメな営業と人脈で，受注獲得		
承 継 の 時	代表の入院と累積赤字で，身動きが取れない		
承継の注意点	廃業コストの算定は，厳しく行うこと		

【社長談】

　当社は，地元の中堅の印刷業です。カラー印刷機を早くから導入し，ページ物にも対応できるので，行政や学校，企業からの受注で一時は繁盛し，自社ビルを持ちましたが，土地の半分は親戚から借りております。

　私は，当社の取締役に名を連ねてはおりますが，先祖から受け継いだ土地を当社に賃貸しているだけで，経営には全く参加しておりませんでした。

　しかし，前社長が病気入院となり，当社の経営に専念できなくなったので，しかたなく代表の印鑑を預かりました。

① **引き継ぐべきかどうかは事前に情報収集を！**

　私は，はじめて社長となった日に，会社に来てみてビックリしました。仕事がとにかく忙しいのです。従業員も残業の連続で疲れ切っています。

　こんなに繁盛しているなら，経営はきっと儲かっているだろうと決算書をめくると……。

3期連続の赤字！

　銀行借入れは限度額を超え，短期で回すために手形金融にまで借入れがありました。なぜこんな状況になったのでしょうか？

　その原因は，前社長の社会性にありました。

　従業員のうち，5名が障がい者なのです。どうしても彼らの仕事量を維持するために，過当競争でも逃げずに，安値受注に走ったからです。確か

に，行政や学校は従業員の雇用維持のためもあって，発注を積極的に集めてくれました。

しかし，インターネットでの見積り競争は過激で，入札の結果，赤字となる仕事も30％近くありました。

② 事業承継士と協議して判断

そこで，事業の将来性を分析するため，事業承継士の経営診断を受けることにしました。数名の専門家が来社し，決算書や営業報告書，顧客リストなどをベースに，事業の現状分析と，将来の収益拡大策がないかどうかを，戦略として提案書にまとめてもらいました。

その結果を基に顧問税理士と相談し，「儲からない仕事をやめる」「機械を止めることを恐れないで休業補償を役所に申請する」などの対策を矢継ぎ早に行いました。

しかし，6か月の経過措置をみると，経費は多少下がるものの，累積債務を解消できるほどの利益は出てきません。

さらに，年の後半では受注競争が激化しそうでした。また，老朽化した印刷機の修理代や，建屋の改修費用も相当金額が必要という見積りが上がってきました。

③ 廃業コストが高くつく業種もある

ここに至って，私は戻れない最後の川を背にして，背水の陣を敷きました。

つまり，会社をたたむためには，いくらの現金を用意しなければならないか，「廃業時特別清算の仮決算」を組みました。

そこでまた，思いもよらない数字が出てきました。

建屋は3階建ての事務所兼工場で，解体費用は標準的でした。問題は，敷地を更地にして，原状復帰するための工事費用が巨額だったのです。

一般的に借地は，更地にして返還することになっています。

ところが，印刷業の場合は，地面を固く整地し，コンクリートの床をベタ基礎で作り，さらに大きな杭を深く打って，印刷機の動揺を防ぐ構造になっています。さらに，古い時代の印刷機では，土壌汚染につながる「シアン」などを含む薬剤が流れ出て，土壌改良経費も必要になる場合があります。そのために，廃業の費用が嵩むのです。

その他の業種では，化学薬品を使う製造業や染色，メッキや金属加工，産廃業なども注意が必要です。

④　責任感やメンツだけでは，事業承継は進まない

たしかに当社代表は，社会性がある企業家として，地元の名士でした。その有名な一家のメンツを守るために，赤字経営を続けてきたのです。

しかし結局は，破たんの危険が迫ってしまいました。

そこで一旦，代表者を入れ替え，一族は全員が退社，経営者は清算を決意し，廃業という結論になりました。

赤字体質が見えてきた10年前に，根本的な経営改革を行い，事業承継計画の立案をしていたら，廃業しないで済んだのかもしれません。

＊　　　　　　＊

● 事業承継士の対応

私は，決算書を見ながら，厳しい結論になることを直感しました。

経営の現状分析を行い，科学的な数字で，具体的に将来を見据えました。その結果，廃業を最適な選択肢としてお勧めしました。

創業者の思いを，生きた証しとして残すために，社史沿革と創業者個人の自分史を本にして残すことにしました。郷土の歴史にも触れ，多くの学生が読んだ印刷物が，この工場から生まれたことを記録として残し，図書館や郷土資料館への寄贈も行いました。

従業員の退職にあたっては，労働債権を最優先で確保し，再就職の斡旋をハローワークとともに支援しました。

資産を売却し，銀行と話し合い，きびしい協議の連続でしたが，地元の

名士として過去に行ったことが評価されて、最後は円満に終了しました。

● **解決方法の発見過程**

　何をするにも、具体的事実を正視する「勇気が必要」です。

　誰でも嫌なものから目をそむけ、見たくないものからは逃れようとします。

　しかし、逃げれば逃げるほど、深みにはまるのが企業経営です。

　正面から困難を正々堂々と受け止めることが、解決への早道であることに気がついたからこそ、思い切りよく、廃業へと進むことができたのです。

● **最終的ゴール**

　事業は一旦、ここで終了します。

　しかし、それが人生の終わりではありません。ましてや、敗北者とか、人生の汚点とか、いわれなき中傷や噂などには、耳を貸さないことです。

　自己責任において苦渋の決断をしたのですから、今さら何を恐れることもありません。ただ、可愛い従業員たちのために、再就職の斡旋は最後まで努力しましょう。

　そして、NPOや社会起業家として生きる道も残されています。万が一にも、悲観的になって、落ち込んでいてはいけません。

　今日までの自分を書き残して自分史を作り、後世に残すことも重要ではありませんか？

● **ここから得られる教訓**

　事業運営は、利益がなくてはできません。

　利益は、温情や寄付行為では生まれません。

適正な価格で製造された商品を、適正利益を確保したうえで販売するのが、ビジネスなのです。

　個人の資産をつぎ込んで赤字の穴埋めを繰り返し、十分な報酬も取らな

い状態では,企業経営は続かないのです。
　また,社会貢献活動と,収益事業を混同してはいけません。
赤字の会社に次々と現金を放り込むくらいなら,社会福祉に直接寄付したほうがよいかもしれません。
　事業承継の根本は,残すべき企業であるかどうかを判断するということから始まります。
　いくら社会的意義があっても,経済的に成り立たないのなら,収益事業としては意味がありません。
　企業の将来性への目利き能力が,今こそ重要視されています。

◎ 事業を壊し，会社をダメにするのは，すべては人間の欲が成せる業。―個人商店の事例紹介―

> ### 追記事例　明治元年創業，小林商店の廃業への道
>
> ○小林亀雄商店の100年の物語りは，女の系譜である。これはまさに3K物語だ。
> ○稼業から家業へ，しかし企業には成り切れなかった。事業化・法人化の失敗が承継問題を複雑にした。
> ○当社は業務用食用油の製造小売業，お得意さんと職人と番頭と丁稚の世界をそのまま残していた。
> ○料亭やレストラン・食堂への掛け売りと小口配達，顧客の好みに合わせて「油の味を作るブレンディング技術」がコアコンピタンス。料理人のプライドを支える縁の下の力持ちであった。
> ○二代目社長と6人の娘たちは戦中の統制・配給から立ち直り，戦後の近代化の波をまともに受け，日本橋蛎殻町で盛業していた。
> ○二丁町の叔父（本家の長男）は，ガソリンスタンドへと方向転換し，高度成長とともに出光の代理店として大成功していた。
> ○当社では嫁姑の争いが水面下で進行していた。実力者で創業者の妻が実際のオーナー経営者だった。
> ○仕事のできない奥様は店には出ず，気弱な当主を尻に敷き，娘たちと奉公人は実力者のおばあちゃんが差配していた。
> ○当主は業績悪化を横目に，趣味人へと逃げる。仕方なく外から人を入れることになる。
> ○昭和30年に長女の婿が番頭見習いで入店する。社長以下8名の個人商店だが，大卒のため番頭とは折り合いが悪かった。
> ○家訓や家族会議・家伝書の類は文字化された物がなく，口頭では家督は家長の長女が相続することになっていた。
> ○典型的な「家と個人と会社」の3Kが未分化であった。事業承継の成功には，6人の法定相続人の了解が必要だ。承継のすべての基本は一族の結束と融和だ。店で働き，家で気を使い，一族の評価に耐えて行けなくなった長女の婿は，この息苦しさに耐えられず，勤め人へと転身した。
> 真の原因は改名・襲名しなかったことらしいと，後日聞かされた。
> ○次善策で三女の婿を選択したのだが，社長として自分の会社を経営する傍らでは，業種的シナジーもなく，雇用責任の重さのしかかった。
> ○当主と祖母の相次ぐ死亡で，混乱を招く番頭と技術者たち。新たな当主を社長とは認められず，遺恨試合の様相となり一家はバラバラ，社員は散りぢりになり，有力な顧客も離れ，廃業となった。
> ○皆様は，十分な準備と事業承継計画を遂行していただきたい。
> ＜個人商店・青色申告個人の事業承継も，小規模企業の経営承継として支援対象です＞

[事例：番外編] 失敗から学ぶ！ 事業承継計画

資　本　金	300万円	承継時期（予定年度）	2007年
従　業　員	5人	その時の現経営者の年齢	78歳
設　　　立	1970年	その時の後継者の年齢	45歳
業種・業態	素材メーカー		
当社の強み	凡用性は，高いが生産者が少ない特殊素材		
承継の時	友人からの頼みにより，断りきれずに入社した		
承継の注意点	高齢社長は，そのうちに折れるだろうという時間の読み		

【後継者談】

　これから，私がお話するのは，後継者側からの「失敗例」の報告です。

　当社への就任の打診は，小さな会社に取締役として勤務していたときで，自分の成長と会社業績の限界が近いとも感じていたときでした。

　この会社での経営者としての実務経験を活かし，高校時代から家族同然の付き合いをしていた親友のたっての頼みに応えようと，畑違いの業種での事業承継を引き受けることにしたのです。

　しかし今思えば，この決意の持ち方に，失敗の遠因がありました。

　まずは，圧倒的にワンマンである社長の性格です。

　本来であれば，後継者となる息子が承継したくないというほど，独断と偏見が強い人でしたが，「他人が入れば変わるのではないか……」「そろそろ歳なので大人しくなるだろう」と，性格の不一致を時間が解決してくれると，甘く見ていた点でしょう。

　業績は，環境変化を受けて低迷し，性急に結果を求められるため，現経営者と感情的にぶつかって「ベテラン従業員が全員辞める」事態になり，伝統的な生産方式と技術の承継が不十分になりました。この調子では，会長の退陣をいつにするかも，正式に告げられない状況でした。大きなストレスを抱えたまま，新しい職場に溶け込む努力をしながら，誰よりも早く出社し，最後まで現場に張り付く，肉体的にも厳しい状況が続きました。

　さらに，現社長の方針により，納入先からの製品原料の改善要求に取り

合うこともなく，自社の旧式なやり方を変えないうえに，将来へつながる新製品への投資も怠りがちでした。

こうした「経営の重要事項への決定権のない」自分に嫌気が差し，給与のためというには犠牲にするものが多すぎると感じていました。

最後に退任の決断に至ったのは，創業者と新しい経営者としての自分との「思いの共有化」ができなかったことです。新時代の経営者として不可欠の，環境対応や法律遵守，付加価値経営などのねらいが，ことごとく否定されては，新社長としての「会社を引っ張っていく夢」と余りにかけ離れた現実でした。

私は，親友の頼みを安易に受け入れた自分の甘さを悔やみつつ，こんなはずではなかったという後悔とともに，当社を後にしました。

＊　　　　　＊

● ここから得られる教訓

1　情報収集と意見交換は綿密に
2　事前にシミュレーションすること
3　お試し入社，インターンシップは，後継者にこそ必要
4　結局，老害につける薬は，当人の内面からの気付きしかない
5　病気になって，はじめて知る寿命の短さ。引退のタイミングの難しさ，しかしそれでは事業承継には遅すぎる
6　機が熟するタイミングを待つ，断る勇気も必要

● 失敗例から学ぶこと

はじめに，現在の経営者の「引退の本気度」を探ることが大切です。本当は譲る気などないくせに，外から言われて仕方なく，形だけ，後継者を入れておくという方も多いのです。（債務保証の印鑑のため）

なぜなら，「この仕事は自分以外に適任者などいない」「他の者にここの社長が勤まるわけがない」と思っているからです。

創業者で，ワンマンで，一人で頑張ってきた社長ほど，その傾向が強い

のです。「死ぬまで代表を務め、後は自然に任せる」とか、「最高年齢経営者のギネスに載る」などと本気で豪語する方もいます。

こうした事例では、後継者の側に問題点を指摘するケースが多く、「我慢が足りない」とか、「修行中は黙っていろ」とか、「ベテラン従業員との軋轢」も指摘されます。

しかし現実は、圧倒的な存在感とパワーの差から、現経営者に責任がある場合が多いのです。黙って会社に出社するだけでも、従業員の眼が集まります。社内の雰囲気がピーンと引き締まる、ムードが一変するといったことは、事実として起きています。

だから、業績が苦しい場合にはなおさら、現経営者が引きにくくなってしまいます。過去にはこうして苦境を乗り越えてきたのですが、それが未来も永久に続くのでしょうか？

後継者という異質な人間を受け入れ、革新的な考え方に合わせて、会社の体質を変化させて、時代の要請に応えることが必要なのです。

ダーウィンの進化論は、「強いものや、賢いものが生き残ったのではない、環境の変化に対応できたものが生き残ったのだ」というのが本質です。

○インターネットの通信販売額がリアル店舗を抜き去る時代
○携帯電話がなければ生きていかれないと思い込む時代
○海外での取引こそが重要な時代
○親会社が、系列取引を拒否する時代

こんな激動の時代に、変化の速い時の流れに、高齢の経営者では対処が遅れがちです。

ここは、勇気を持って一線を退き、片目をつぶって後継者に任せていかなければなりません。

● 誰でも最初は素人なのです。

上手に経営するには、経験を積むしかないのです。経営者の武器としての知識は、学校やセミナーで与えることができます。しかし、実際の経営

の運転テクニックは，自分で工夫し，体で覚えるものです。

創業者の時代には，まだ小さな会社の成長度合いと，自分自身の経営者としての成長が，同期して大きくなって来ましたから，自然と経営感覚が身につきました。後継者は，そうではありません。

はじめからでき上がっている先代の作った服に，自分を合わせなければなりません。そのうえ，この服は，重くて古いのですから，いつかどこかで脱ぎ捨てて，自分オリジナルの新しい服を作らなければならないのです。

● **脱皮して成長するのが事業承継なのです。**

本事例を取材して，後継者の方にインタビューさせていただきましたが，心に受けた傷は大きく，癒しがたい重さで残っていました。

事業承継計画表を先に作成し，契約書で確認してから，株式の所有率という法的な武器を持って，かの三越事件のように「取締役会決議によって」代表を退任させることも可能でした。

しかし，友人との「人情が絡み，言葉での約束」や「そのうちという期限」と「契約の甘さ」が，結果として二人の不幸を呼び込んでしまいました。

身内の恥を晒したくないとか，水臭いとか，契約書は堅苦しいとか……，多くの高齢者が口にする言葉です。ましてや家族で，相続と事業承継が一体になって進む場面では，後継者の側からこの話題を切り出すことは不可能に近いのです。

重ねて申しますが，「**事業承継の運行責任者は，現経営者**」なのです。

自分の未来を自分で作ろうとしない人に，誰が後継者として気持ちよく名乗りを上げるでしょうか？

後継者の活躍しやすい環境を整備し，自分のやり方を否定されることこそ喜びである，そのような変化・改革を受け入れる経営者こそ，事業承継の勝利者と呼べるのでしょう。

[共通パターン]　家族会議から始める事業承継
〜手順と運営の実際〜

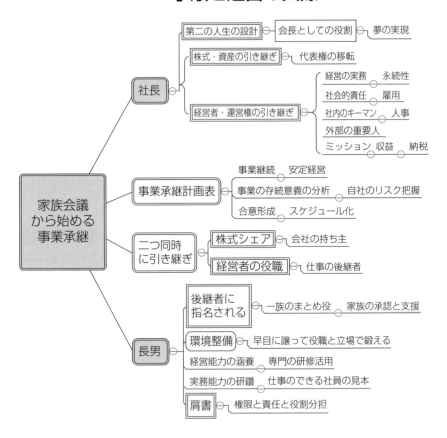

家族会議の目的

1. 事業承継の完成
2. 一族の安寧な将来の確保

家族会議で行うこと

1. 社長の引退発表
2. 後継者の指名と決意表明

3　利害関係者の調整
4　全体スケジュールの設計

> 家族会議で残す文書

1　同意書
2　議事録

民法の特例を採用＝法定遺留分の除外と固定合意
● 相続の平等性を制限し，自社株と事業運営用資産などを相続財産の法定遺留分から除外する
● 株価を〇〇年〇月の時点で固定し，時価評価額を決定する

> 開催の手順

1　議案の作成
- 開催趣旨と目的の説明
- 議案内容
- 結論の案

2　資料を用意
- 株主リストとシェア
- 決算書の概要で見せる，会社の経営状況と資産内容
- 組織図で役職者を説明
- 個人資産一覧表＋退職金，（株以外の相続財産一覧，現在価値へ換算済み）

3　参加者リストの作成

4　日時・会場の決定

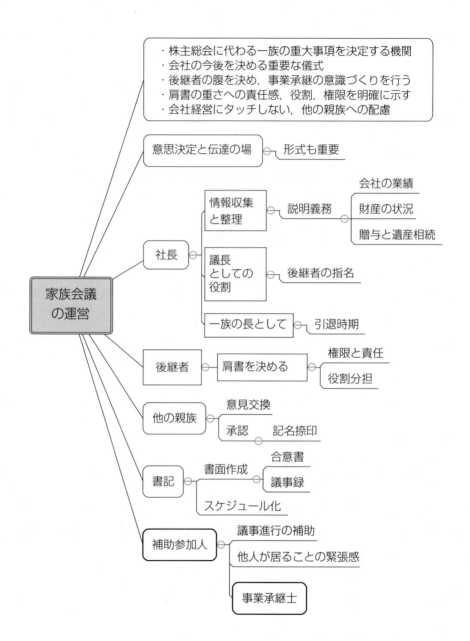

1　開催趣旨と目的

　社長の事業承継への意思が固まり，退任時期が近づいたので，当家一族の結束と今後の安寧を願い，家族会議で全員の情報共有と合意形成を行うことにする。

　また，当社の事業承継は，長男を正式な後継者として指名することにより，さらに加速する。

　後継者を中心に，事業承継の実務を遂行し，代表取締役交代の混乱を最小限に抑え，事業の安定経営を目指すものである。

　この家族会議は，将来のリスクをヘッジするため，議事録，株式贈与に関する一族の合意文書の作成と記名捺印をもって，目的を達成する。

2　議案内容

　1号議案：後継者の指名
　2号議案：株式の買い取り
　3号議案：法定遺留分の除外の同意書作成
　4号議案：後継者の肩書，権限，責任分担
　5号議案：代表交代の時期，スケジュールについて

3　結　　論

　1号議案：後継者は長男
　2号議案：株式の買い取りは長男への集約が目的，なるべく多く行う。
　3号議案：財産配分から自社株式を除く，「法定遺留分の除外」を承認し，同意書への記名捺印を行う。
　4号議案：後継者の肩書，権限，責任分担は，今後の役員会により決定していく。
　5号議案：代表交代の時期，スケジュールについては，平成〇〇年〇月に行う。

家族会議　式次第
1　開会宣言………議長
2　家族会議の趣旨説明………議長
3　会社と株式・個人資産の現状報告と情報提供………各種資料提出
4　議案提出………議長
5　採　　決………議長
6　決意表明………長男
7　書面作成………書記
8　閉会の辞………議長

【注意】＝ 人事について

1　幹部に一族が多い場合は，後継者との関係に注意が必要
- 遠慮，ナアナア，肩書インフレは，今後の会社運営の足かせになりかねない。
- 情実による配慮と後継者の会社運営の妨げにならないよう，ベストポジションを探す。

⇒母の愛情からの遮蔽を心掛ける，別の尺度で処遇を考える。

2　後継者から外れた幹部には，どのような処遇，あるいは人事を行うべきか？
- 社長と相談の上で，後継者が自分の運営方法に合わせて人選し，役員会の承認を得るものとする。

3　新しい経営者層＝新運営チームの人選がキーポイントだが，同時にベテラン層への配慮も必要となる。

＊父親と母親の愛情の違いを把握し，事業承継に生かしましょう。

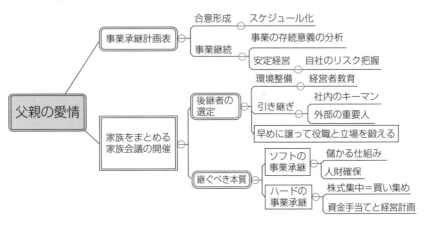

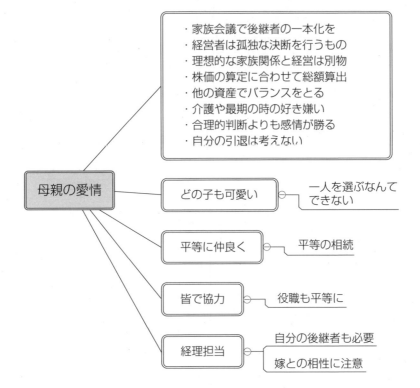

父親と母親では，根本的な価値観が違います。頭ではわかっていても理性的に解決できないことが多いようです。
　やはりお母様の愛は深いのですが，感情の面がまさって合理的に割り切れないとろがあるので，時間をかけて納得させましょう。

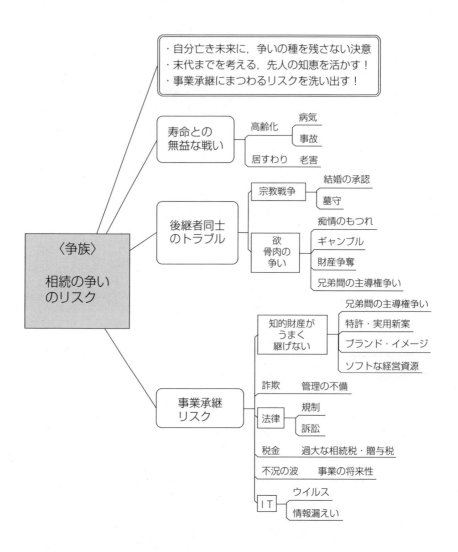

■ Colum 3 ■

前世代からの承継問題
～家族会議でじっくり話し合う～

　一世代前の相続の残照が残っている場合があります。
　この際に，一気に片付けようとせず，少しずつ，ひも解いてください。
　とくに財産相続の問題は，親子の人間関係でもあり，歴史や価値観の違いを抱えていますので，時間をかけてじっくりと治めましょう。
　あるいは先代の時点で相続争いがあり，家族がバラバラになった経験を有する人もいます。
　また，これから発生する相続問題が，自社の事業承継に色濃く影響する場合もあります。
　このように，長い間にわたって懸案事項が先送りされてきた場合は，誰かが大いなる決意のもと，解決へと乗り出さなければなりません。
　できるだけのことを，自分の世代で解決しようとする姿勢が重要です。
　これらの懸案事項について，先代に後継者からお願いをすることはなかなかできないものですね……。
　とくに昔気質の方に，死後を予感させるようなことは言いにくいものです。
　こんな時は，外部の専門家として事業承継士や顧問税理士などを活用して，他人の意見としてクールにことを進めましょう。
　相続が発生してから大きなトラブルにならないよう，存命中に処理することが必要です。
　これらのことを話し合うのも，「家族会議」の大きなテーマの一つです。

〔☞第8章・P224参照〕

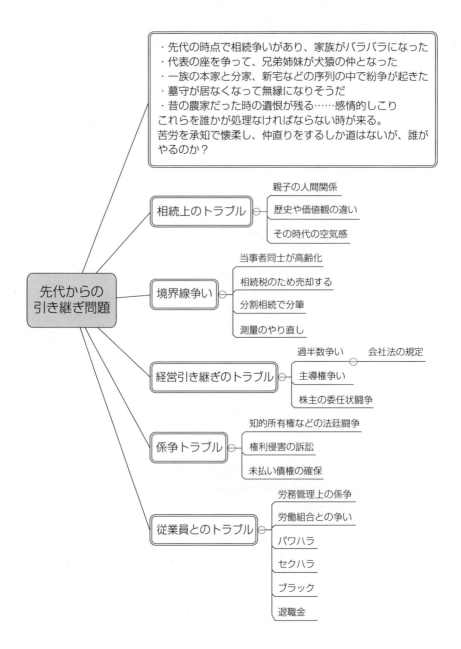

合　意　書

　以下の通りに全員で合意した。
1．事業承継に必要な自社株式の全株数の相続に関して，後継者以外の推定相続人の持つ，この株式に対する相続の法定遺留分を除外する事。
2．相続財産の対価算定計算の根拠として，会計専門家が算定した本日の自社株価を，将来に渡って固定する事。

　推定相続人全員による合意が成立したので，これを証するため本書を作成する。

　　　　　　　　　　　　　　　　　　　　　　　　　　　平成30年1月1日

後継者	住　　　所	
	氏　　　名	実印
	電話番号	
	保有議決権数及び割合（＊）	個（　　　％）
	旧代表者との続柄	

後継者以外の推定相続人目録

住　　　所	
氏　　　名	実印
電話番号	旧代表者との続柄

住　　　所	
氏　　　名	実印
電話番号	旧代表者との続柄

住　　　所	
氏　　　名	実印
電話番号	旧代表者との続柄

－見本－

後継者対策シート

		後継者の選定ポイント	現経営者が行う一番最後の重要な業務	後継者を一人に絞り込む
1		1. 経営への適性 2. 実地業務の評価 3. 人物評定 4. 今後の伸びシロと将来性 5. 周囲からの納得形成の容易さ	【候補者の選出チェックポイント】 1. 個人保証の引き継ぎの可能性 2. リーダーシップの発揮が可能か 3. 新経営計画を実行できるか	【実地試験の結果】 〈捨てる勇気を持て！〉 1. 後継者側の苦労 2. 会社を去る者への愛情と配慮
		後継者の教育訓練	進んで学ぶ意欲が成果を分ける	業務への習熟度、会社の仕事内容の理解度
2		1. 経営のプロとしての専門知識 2. 他人を雇用し目的を達成すること、そのプロセス、人事管理 3. 法律 4. 経理	専門家による研修をプログラムする 類似規模の他社を見学する 若手経営者同士で切磋琢磨する	後継者に必要な経営者感覚、経営者としての専門的な見識や知見を身につけることが可能かどうか
		後継者のための経営環境の整備	代表への定着	実務遂行
3		1. 残すべき人材と、辞めさせるべき人の峻別 2. 古参社員の処遇	【重要な仕事が出来る社内のキーマンを残せ】 補完関係にあるキーマンの確保 次世代幹部候補生の選定	【古参社員の処遇、目の上のたんこぶ、小姑をなくす】 役職定年の規定
4	具体策	家族会議で承認させる	引退の時期・引き継ぎのタイミング	個人資産と株式。個人保証との関係の整理
		経営幹部会議の実施	今後の方針決定	実行計画の策定
		新組織の立ち上げ	一方の処遇……社内同居は不可 独立の準備	転職先探し 資金供与
		新経営幹部の任命	グループによる経営体制	新経営計画に基づく運営

〔☞第8章・P225～227参照〕

第3章

後継者をどう育てるか

　さまざまな調査を見てみると，事業承継が進まない理由として，「後継者がいない」という要因が大きな割合を占めています。

　確かに，個人商店のように，もともと候補者が少ない場合もあります。頼りにしていた息子が，大手企業に勤めてしまい，なり手がいないというケースもあるでしょう。

　しかし，候補者がいるにもかかわらず，経営者がそれに気づいていない場合も非常に多いのです。あるいは，過度にあと取りの条件を上げてしまい，それに見合う能力を持つ候補者が見つからないといったケースもあります。まずは，事業承継の可能性を見つけるため，経営者が自分の周囲を注意深く確認することが求められます。

　事業承継センター株式会社では，2011年から後継者塾を主催しており，すでに数百名の卒塾生を輩出しています。

　そこから培った経験をもとに，後継者が経営者となるうえで準備すること，特に後継者に求められる能力ついて検討します。

～後継者育成の体系図～

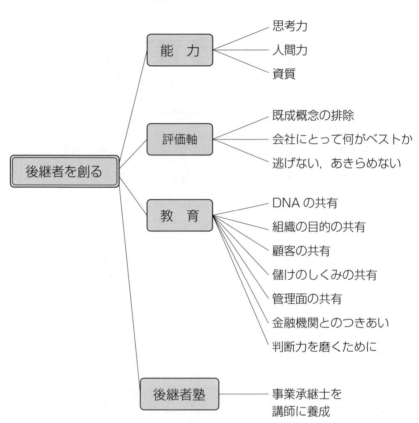

第1節 後継者育成に向けて準備すること

1．経営者として求められる能力

(1) 思 考 力

　経験と勘で会社を切り盛りできる時代は終わりました。経営に与える要因が増加し，複雑化する昨今において，起きている事実や問題を認識し，そこから問題の真因を探索することが求められます。

　会社には，たくさんの問題が起きています。列挙してみると，それこそ100くらいは平気であがってきます。それをひとつひとつ個別に解決するのは，現場の作業者の問題解決手法です。もぐらたたきにしかなりません。個々の問題は改善されても，会社全体で見てみると不揃いで，本質的な解決にならないことが多いのです。

　たとえば，人件費率が高いという問題があったときに，営業をアウトソースするという改善策で解決しようとするとどうなるでしょう。人件費率が高いというのは，売上が低いか，人件費が高いために起きるものであり，安易に営業をアウトソースしてしまえば，売上が減り，長期的に会社の体力を奪ってしまう場合もあります。大切なのは，個々の問題を見て個々に解決するのではなく，個々の問題を俯瞰して「要するに何が問題なの？」という視点で根本問題を見出すことです。これを抽象化といいます。

　そして，根本問題に対して，解決策を講じるのです。抽象レベルで行うのが戦略になります。この戦略に基づき，達成するための個別の策を講じます。これが戦術です。要は，起きている問題の列挙（具体化レベル）→俯瞰して問題の本質の検討（抽象化レベル）→問題の本質を解決する方策すなわち戦略の構築（抽象化レベル）→戦略を行ううえで現場の対策を講じる（具体化レベル）というプロセスで見るのが，経営者としては大切な

のです。

とくに、個々の問題から「要するに何が問題？」と俯瞰することが、意外とできません。逆にこれができれば、企業の方向付けができるようになるはずです。

- 個から全体を俯瞰する力
- 問題の本質をとらえ、方向性を導き出す力
- 方向性を具体的に落とし込む力

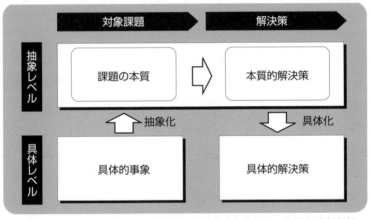

「地頭力を鍛える」細谷功　東洋経済新報社

(2) 人間力

経営は、思考力だけではできません。環境の変化に適応し成長していくことのできる組織であるためには、多様な価値観や見解を持つ人材を組織に内在させ、活用させることが求められています。経営者の考えや判断が正しくても、社員が受け入れて仕事をしてくれなければ、組織は動かせないのであり、まずは多様な意見を聞き、吸い上げ、組織の中で共有する力が求められています。問題は、現場で起きているわけです。また、お客様のニーズや不満を吸い上げられるのも、現場です。現場の社員の意見をまずは聞き、先入観なく受け入れる受容性が求められます。さらに、求めら

れる情報を，求めている部署や社員に適切に伝え，共有する能力も求められています。加えて，社員の努力や挑戦する姿勢を認め，褒め，動機づけるリーダーシップも必要です。

> ・聞く力，理解してあげる力
> ・情報を共有する力
> ・社員を鼓舞・活性する力

(3) 資　　質

　経営者にとって必要な資質とは，状況に安住せず，目標達成に向けて挑戦し続ける姿勢です。緻密な計画を立てようとも，最後までやり遂げずに途中で投げ出すようなことがあっては，目標は未達に終わってしまいます。個人や組織の目標を確実に結実させるためにも，最後まで完成させる意欲をもって業務に取り組むことが重要なのです。

　また，目的達成に向けて自らの立場・役割を自覚し，自己責任を持った取り組みが必要です。何があっても，すべての責任は経営者にあります。業績が悪い会社の経営者に限って，社員が悪い，お客さんが悪い，景気が悪いと，うまく行かない原因を外に求めてしまう傾向があります。いくら他に責任を押し付けようと，経営者は逃げることはできないわけであり，すべてを自分の責任として受け止める度量，当事者意識が求められます。すなわち，いかなる場合でも逃げない姿勢が必要なのです。

> ・達成に向けてあきらめない気持ち
> ・当事者意識をもって逃げない気持ち

2．承継の指名

　これまで，後継者が経営者になるために高めるべき能力を述べてきました。しかし，すべてを兼ね備えている人はいないし，それらの能力を身に

着けるためには，膨大な時間と実務経験を要することになります。結果として，ふさわしい人材を見出せなかったり，教育時間をかけすぎて事業承継のタイミングを逸してしまったりする可能性もあります。

では，何を基準に，何を優先して後継者を選ぶべきなのでしょうか。

(1) 何を評価軸とするか

① 私情や慣例を捨てる

経営者は，私情を捨てて，会社が維持され成長するための人選を行わなければなりません。長男だから，家族経営を続けたいから，年齢が上の者を優先しなければ，などで後継者を決めてしまって，結果として，社員を路頭に迷わせるような結果に至ったら，経営者の大きな判断ミスです。自分にとってではなく，「会社にとってベストな判断は何か」を最上位の判断基準としてほしいのです。

・長男絶対主義をやめる
・親族主義をやめる
・年功主義をやめる

---

② 思考力と人間力が，資質より重要

経営者にとって，後継者は頼りなく見えるし，実際にまだまだ能力が足りないことも多いでしょう。しかし，思考力や人間力より気持ちの部分，苦労を受け止めて，背負い込んでもやってやろうという強い意志を優先するべきです。普段の仕事の中で，困難なことがあっても逃げない姿勢や，個人ではなく組織の成果を求めようとする姿勢を見てほしいのです。前例主義でなく，変化を受け入れられる許容力も大切となります。

繰り返しになりますが，能力を考えると，社長からみるといつまでたっても頼りないと感じてしまいます。そう映るのは当たり前と考えた方がよいでしょう。立場が人を育てるものであり，教育すればクリアできること

がほとんどなのです。

　まずは，粘り強さや逃げない気持ちなど，仕事に対する姿勢，資質の部分を重視しましょう。その他の能力は，あとから考えるほうがよいのです。

> ・立場が人を育てる
> ・思考力，対人力より資質

(2) 何をケアするべきか

① 選ばれなかった候補

　複数候補がいる場合は，当然誰か一人に決めなければなりません。すると，落選した候補者は，モチベーションが下がり，造反したり，組織から離脱したりしていくことも考えられます。経営者は，落選した候補にそれなりのポジションを与え，選んだ後継者をサポートしてくれる体制を作らなければなりません。これができるのは，後継者を選んだ経営者だけです。

② 組織のショック

　社員たちが当たり前と思っていた後継者と違った人が選ばれた場合には，組織は非常に動揺します。モチベーションを下げる者，組織に不満を持つ者も出てくる可能性があります。よって，経営者の責務として，なぜ選んだのかの説明責任を果たすことが求められます。

【事　例】 任せられない社長の罪

業種：縫製業

形態：親族内承継（後継者は長男）

> 　社長は80歳代で，あきらかに衰えています。現場のことも遠ざけており，社長室に入ったきり，めったに外に出てきません。社員とのコミュニケーションもなく，適切な判断ができるのか疑わしい状況です。

結果として，業績は下がり続け，むりやり利益トントンにしている業況であり，資金繰りに常に悩んでいます。金融機関の融資枠も目一杯で，どうしても足りないときは，社長の個人資産から工面している状況となっています。このような事態に陥っても，実権を離そうとせず，細かいところまでいちいち口を出そうとします。
　後継者は，長男の専務です。社長は，もともと優秀な次男を後釜に据えたいと思っていましたが，一部上場企業に就職してしまったため，選択の余地なく長男へ継がせることとなりました。しかし，次男が諦めきれずに，長男のあらさがしをして，全く信頼を置いていません。長男も気分を害して，仕事に打ち込めず，夜の世界に逃げ込んでしまいます。
　長男である専務の仕事のほとんどは，資金繰り表の管理となっています。確かに，資金繰りは大切な仕事ですが，結局は事務処理です。本来は，会社として何をすべきか，どこを目指すのかを考えて，組織を指揮監督しなければならないはずです。しかし，重要な意思決定の場面では，必ず社長に聞いてみないとわからない，という返答が返ってきます。最終的に，お金を握っている社長がいつも判断することになります。
　社員は，いつも社長に頼ってものごとを決めようとしない専務を馬鹿にしており，組織の一体感も形成されず，統制が利きません。結局，かじ取りがいない状況となってしまっています。
　専務の社長に対する依存度を何とかしないと，この事業承継は絶対にうまくいきません。

【事　例】　社長が後継者を決めた理由

業種：雑貨卸売業

形態：従業員承継

　当社は100年続く会社であり，現社長は5代目です。

　3代目までは親族承継でしたが，会社の成長を第一に考えたときに，最もふさわしい後継者を選ぶべきということとなり，4代目からは従業員承継となった経緯があります。

　現社長が経営を引き継ぐときには，他にも有力な候補が2名いましたが，会社の業績が悪い時代であり，2名とも社長になることを断りました。誰も引き継ぎ手がなかったとき，社員を路頭に迷わせてはいけないと思い，引き受けたのが現社長でした。

　月日は流れ，今度はバトンを渡す側となりましたが，自分の子孫に会社を継がせる気持ちはなく，従業員の中から選ぶことを考えていました。候補者は，顧客対応力に長けており，売上を確実に獲得してくる営業部長，その下にあって，冷静沈着で論理派，切れ者で社内から一目置かれている営業課長，2名と比較すると，やや年上で地味ではあるが，何があっても逃げない諦めない，当事者意識を持って仕事に臨む業務管理部長，の3名です。

　社長は親分肌で，感覚で経営してきたタイプであり，当初は自分と全く正反対の営業課長に魅力を感じ，後継者として抜擢しようとしていました。

　しかし，外部のさまざまな人たちからアドバイスを聞いて決めたのは，達成意欲が高く，何ごとにも逃げない業務管理部長でした。

第2節 後継者の教育

　後継者を育てるうえで大切なことは，経営を見える化することです。経営者が現在まで頭の中で描いていたものを，後継者と一緒になって，誰もがわかるように明らかにするのです。明らかにする過程で，経営者の経験や勘を行動として示すことができ，後継者の経営能力を大きく向上させることが可能となるのです。

1．DNAの共有

(1) 理念の共有

　理念というと少しお題目のように感じるかもしれませんが，「共通目的」と言葉を変えると，誰もが納得するのではないでしょうか。
　社長は，「社員が言うことを聞かない」「経営感覚をもたずに行動している」といい，社員は「社長が何をやりたいのか，ビジョンが見えない」という会社が非常に多いといえます。
　会社には，全社が共有すべき方向性がなくてはならないはずであり，組織構成員が多様化してくれば，共有する明確な論理が必要となります。これが共通目的であり，経営理念です。これを後継者にしっかりと伝えてほしいのです。そして，浸透するような仕組みを築かせてほしいと考えます。
　共通目的である理念が末端まで共有され，それぞれの部署に対し，共通目的を達成させるための役割が配分され同時に権限が委譲されます。その部署の構成員に対して，部署の役割を達成するための，構成員の役割と権限が配分されます。すなわち，根っこはすべて，共通目的である理念なのです。

(2) 歴史の共有

　歴史をつなぐとは,「会社という存在そのもの」「特徴, 風土, らしさ」をつなぐということです。すべての会社に歴史があります。風土があります。「風土や, らしさ」は, 一朝一夕で生まれたものではありません。長い間の事業活動の中で育まれたものです。後継者はこれを理解して, つなげていかなければならないのです。

　私たちが開催している次世代の経営者の勉強会である後継者塾では, 会社の経営理念を作った経緯や, 会社の歴史を振り返ることを宿題として出しています。これは, 後継者一人ではできないものであり, 結局, 現経営者や先代に聞きながら作ることになります。すると, 社長と対話する中で, 後継者はさまざまな気づきを得ることができます。創業時の気持ちや事業への覚悟, 狭いボロ屋で軽トラ1台から始めたこと, お金に追われて妻に苦労をかけたことなど, 社長の生き様を会社の後継者として聞く貴重な体験です。また, 過去数十年の売上の推移を見ていくと, 売上が伸びた時には必ず何らかの努力がなされており, 悩んだ末に社長が勇気を持って打開策を仕掛けたことなどを聞くことができるのです。

【事　例】社長の「話を聴く場」を作る

|業種：機械工具製造業|
|形態：従業員承継|

　事業承継とは, 社長と後継者の引き継ぎのことであり, 去る者と代表になる者が互いを認め合うことで成立します。東京都の消耗工具メーカーの後継者（従業員）は, 社長に対する尊敬の念を社内に発信すると同時に, その歩んできた道のりを組織の中に刻み込みたいと考え, 社長の「話を聞く場」を設けました。社長に話してもらった内容は,「創業のきっかけ」と,「会社が今まで大切にしてきたこと」です。

冬のある日の夕方，全従業員約20名が食堂に集まり，社長を囲んでその「場」は始まりました．最初は，あまり気の乗らない社員もいましたが，話が始まると雰囲気は一転し，みな食い入るように身を乗り出しました．普段は社長室にこもり社員との接点が少ない社長も，みんなの真剣な眼差しを受けて，次第に饒舌になっていったのです．
　話の内容は，次のとおりです．
- 　創立当初は消耗工具の商社で，どこにでもある商品を扱っていたので，取引先の工場に認められるために，とにかく納期の早さにこだわったこと．

　その積み重ねが顧客の信頼を勝ち得て，事業が順調に回りだし今に至っていること．

　後継者の打ち出した現在の「徹底的にスピードにこだわる」という経営スローガンは，その思いが踏襲されていること．
- 　ある時，取引先から特殊な工具が欲しいから作って欲しいと言われたが，設備を持っていなかったので困り果て，知り合いの工場が休みの日曜日に設備を借りて加工し，何とか納品したこと．

　このことが非常に喜ばれてオーダーが増え，メーカーへの転身のきっかけになったこと．

　そして，特殊オーダー品で勝負するという当社のポジションが，この時に作られたこと．
- 　思いきって工場を立てて本格的なメーカーになったとき，運よく産業ロボットの消耗工具需要が増え，会社が大きく成長したこと．

　一方で，リーマンショックの苦境のときに，大きく売り上げが落ち込み，リストラも余儀なくされたこと．

　また，社員に会社以外のアルバイトも認めるなど，辛酸をなめながら全社で何とか乗り切ったこと．
- 　後継者を決めるにあたり，リーマンショックの一番大変な時に一

番苦労を背負ってくれたこと，頭がいいとか経理に強いということではなく従業員からの信望が一番厚かったこと，の2点が決め手となったこと。

従業員にとっては，知らないことばかりでしたが，創業からの社長の強い意思や乗り越えた苦労が，現在の会社を作っていることを認識したひとつひとつの出来事が，今の会社のポジションやスローガンに息づいていることに気づいたのでした。

後継者は，会社の歴史を全従業員に理解させることで，「何を大切にしてきた会社なのか」

「これから何を守り，何を変えなければいけないか」を一人ひとりに考えさせるきっかけもつくりました。現在，後継者は経営者となり，会社は一体感を持って前進しています。

(3) 強みで勝つ

中小企業は，価格競争では勝てません。安さで勝負というのは，「思考停止の状態」ともいえ，価格以外の特徴を明らかにし，お客様に認めてもらわなければなりません。そのために，自社の強みを明確化しておくことは，現経営者にとっても，後継者にとっても戦略上において非常に大切となるのです。

強みを見つけるコツは，「経営者が考える」「社員に聞く」「取引先に聞く」「仕入れ先や卸先に聞いてみる」などが考えられます。社員は，経営者とは違った視点から自社を見ています。現場でのさまざまな業務を通して，経営者の知らない情報を持っていることも少なくありません。また，経営者が思っている自社の姿と，従業員が思っている自社の姿には乖離があるものです。そういった強みの認識の実態を把握するためにも，従業員へのヒアリングが有効です。また，お客様に当社と取引してくれている理由を聞くことも，強みを明確化するうえで有効です。

これから強みを作らなければならないという場合は,「商品そのもの」「商品のソフトの部分」「品揃え」「デリバリー」「アフターメンテ」「手間省き」「情報提供」「社員教育」「売り方支援」などに強みを創造することが考えられます。

　中小企業白書を見てみると,大規模企業と小規模企業の強みについて記述されています。小規模事業者は,アフターサービスやデリバリーの柔軟性に強みを持っているということがわかります。

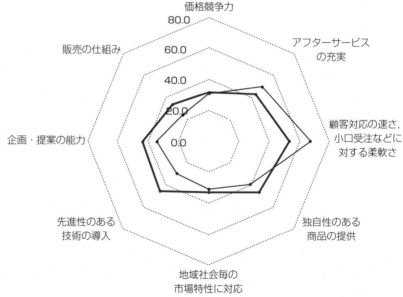

資料：中小企業金融公庫「経営環境実態調査」（2004年）

2．組織の目的の共有

　後継者を育成するうえで,会社の組織図を広げ,理念やビジョンを果たすために,社長や後継者,各部署や部門長がどのような役割を担わなくてはいけないかを,組織図の上に記述してもらうことも有効となります。理

念やビジョンのために，役割や権限が部や課に配分され，個人に配分されるはずですが，本当にそのような形になっているかを一度検証してみるべきです。

　また，気持ちだけで会社を回せる時代は，とうに過ぎました。創業社長であれば，自分の経営者としての成長と同じスピードで会社が大きくなってきたため，会社の内部・外部を隅々まで把握することができます。しかし，後継者にとっては，身の丈に合わない，大きな何かがのしかかってくると感じてしまうのは仕方のないことです。この責任を一人で背負おうとすると，重圧につぶれてしまうかもしれません。よって，組織で背負うという意識を持つようにしたいのです。社長の知識，ノウハウ，カリスマ性を明らかにして，組織の部門に役割として分配するのです。その意味でも，組織図をじっくりと見てみることは，とても有効なのです。

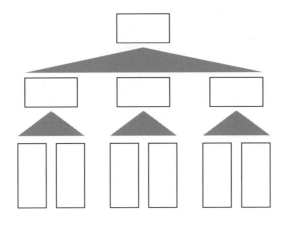

【事　例】　後継者教育を兼ねたプロジェクトチーム

業種：計測器製造業

形態：親族内承継（長男）

　当社は，数年前に同業者を統合して組織が大きくなった経緯があり，社風の違いからコミュニケーション不足，被害者意識の発生，責任の

擦り付け合いなどが頻繁に起こり，決してムードの良い社風ではありませんでした。

　社長の考えている組織上の課題は，

① まじめで忠実な社員が多いが，あえて自発的に何かをするのではなく，上からの命令通りに従うことで満足してしまう。
② マニュアルがないと，仕事がすすめられない。
③ 経営層と現場に価値観のギャップがあるが，互いにぶつかるまで議論することもないため，不信感がはびこり，社員はいつも不満げである。
④ 社員同士は，部署ごと，年代ごとに固まってしまい，他のグループとのコミュニケーションがなく，腹を据えて話し合う風土ではない。
⑤ 主体性，自律性を持った社員が少ない。

などでした。これらを打破し，後継者に組織を掌握させるため，後継者を中心とした部門横断の若手プロジェクトチームをつくりました。

　このプロジェクトチームは，会社の課題を設定し，解決策を導き出すミッションを負い，社長に提案するという役割を担いました。

　結果は，若手が現場の問題を俯瞰して，会社の課題を見出すという，経営的な視点を持てただけでなく，セクショナリズムを超えた全体最適を思考することができるようになりました。他の部署への理解や配慮も持てるようにもなりました。

　そして一番の収穫は，プロジェクトの運営を通して，後継者が会社を知り，社員の役割や立場を知り，一丸となって向かうことの力強さを知ったことでした。

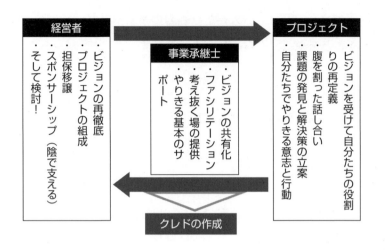

3．顧客の共有

(1) ABC分析

　会社があるのはお客様が，当社を支えてくれたからです。お客さまがいなかったら，当社は存在してこられなかったでしょう。その大切なお客さまとの取引の経緯などを，経営者から後継者にしっかりと伝えておくことが求められます。

　顧客を売上高が高い顧客，低い顧客，粗利率が高い顧客と低い顧客に分けてプロットしてみます。すると，次のような分類ができます。

	売上高	売上低
粗利率高	超優良顧客	工夫顧客
粗利率低	維持顧客・教育顧客	対応検討顧客

「維持顧客・教育顧客」

　売上高は，高いものの粗利率が低い顧客です。しかし，利益の総額としては，大きくなる場合が多く，しっかりと捕まえておきたい相手です。ま

た，必要以上に手間がかかっているために利益率があがらないケースでは，相手にやるべきことをやってもらう教育も必要です。

「超優良顧客」
　売上高も粗利率も高い顧客であり，自社の商品の特長や独自性を認めて選んでくれているところです。

「工夫顧客」
　売上高は低いが，粗利率は高い顧客であり，自社の商品の特長や独自性は認めてくれているものの，まだまだ完全には受け入れてくれていない相手といえます。

「対応検討顧客」
　売上高も粗利率も低く，今後取引を続けていくかどうかを検討する相手です。
　このうち，ターゲットを設定するうえで考えたいのが，売上高が高く粗利率が高い「超優良顧客」と売上高が低くて粗利率が高い「工夫顧客」の二つに分類された顧客です。
　二つのセルからいえることは，ここにプロットされた顧客は，価格の安さで自社と取引してくれているのではなく，その他の理由で自社を選んでくれている可能性が高いからです。

(2) 属　　性

　とくにAランクの顧客は，次の事柄について，後継者に引き継がなければなりません。

> 取引の始まった経緯は？
> 取引先の理念，戦略，組織，強み，弱みは？
> 取引先の顧客，市場の状態は？
> 取引先の競合先との競争は？
> 取引先の組織図を意識する

　これらはすべて大切ですが，組織図を描けることは極めて重要となります。組織図は，会社の戦略を物語っており，攻め手も示唆してくれるからです。「普段接点を持っている部署はどこですか？」と聞くと，多分，購買部や資材部，商品部，総務部といったところをあげるでしょう。これらの部署は，価格優先で当社に交渉を仕掛けてきます。

　一方，当社の商品が少し高価でも，品質が自慢であれば，品質管理部に訴求することで当社を認めてもらえるかもしれないし，生産現場の効率化に寄与する商品なら，生産技術部に提案して購入に結びつくかもしれません。

　特徴がある面白い消費財であれば，営業部や店舗担当に「お客さまにアピールしやすい商品ですよ，販売しやすいですよ」と説明すれば，採用される可能性が高まるはずです。

　どの部署を味方につけたらいいのか，巻き込んだらいいのかを，組織図は教えてくれるのです。もちろん，窓口の部署を飛び越えてしまうのは，当人の面子をつぶしてしまうのでご法度ですが，うまく紹介してもらって，当社のファンを増やすことができれば，これからも長い付き合いが可能となるはずです。

【事　例】　顧客を知ることを一番重視した後継者

業種：機械工具製造

形態：従業員承継

　事業承継士は，次期社長になることが決まった後継者から，就任までの数か月間，何をするべきかという相談を受けました。「お客さん回りをしてみては」と答えると，効果はテキメンでした。まだ肩書は工場長でしたが，次期社長が来るということで，面談してくれるお客さま側の顔ぶれが大きく変わりました。

　今までは，せいぜい購買の責任者でしたが，社長や役員が出迎えてくれ，経営上の課題や，当社への要望を直接話してくれました。それだけではなく，社内の様々な部署の責任者に，次々と会わせてくれたのです。後継者は，社長になる前からトップセールスの環境が整ったと喜んでいました。次期社長という肩書は，取り引き先においても，大きな関心事であることを認識するべきです。

4．儲けのしくみの共有

　ビジネスモデルの定義は，「儲けを生み出す仕組み」のことです。流通チャネルの流れの中で自社のポジションを明らかにし，どこで認められていて今日があるのかを理解させてくれます。加えて，どこを強くすればさらなる成長を得られるのかを示唆してくれるものです。

- ビジネスにおいて自社にオーダーが入っている起点はどこか，何がきっかけで注文が入ってくるのかを明らかにする
- きっかけに大きな影響を及ぼすプレイヤーを明らかにする
- 自社で行われている内部の活動を見える化する
- どこの部分で価値を生んでいるのか，どこの部分を今後強化しなけ

ならないのかを明らかにする

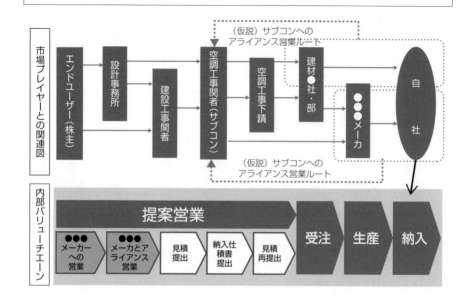

5．管理面の共有

(1) PDCAのやり方

　後継者にとって決算書や試算表は，何よりの羅針盤になります。決算書の数値は経営の結果であり，何が変化し，どこに問題の所在があるのかが表れています。経営者であれば，数値を見なくても変化に気づきますが，後継者にはなかなかできることではありません。だからこそ数字をチェックし，定点観測するのです。これを行うことで，計画と実績の差異，未達の理由などを明らかにし，手立てを打つことができます。手立てが有効かどうか，次にどうすればいいかを，仮説を立てて検証する，そのサイクルこそが，経営の精度をより上げていくのです。後継者は，羅針盤としての決算書，試算表を理解できるようになるだけでなく，活用できるようになることが求められています。

(2) 重要指標

　自社の管理指標を後継者にしっかりと認識させなければなりません。自社のバロメーター，それをウォッチしていれば病気か正常か，絶好調かがわかるような数値指標は，企業にとって必ずあるはずです。そして，大切なのは，なぜその数値を選んだのか，そしてその数値がいくらになるのを目標値とするのか，さらにどのようにしてその数値達成を目指すのかを考え，PDCAを回していくことです。

　売上高などのようなオーソドックスなものもありますが，その数値指標はさらに分解できないかと考えてみることも有効です。たとえば「来店客数」×「買い上げ率」なら，売上が上がらないのは，来る人が少ないのか，来ても買わずに帰ってしまう人が多いのかがわかります。また，「訪問件数」×「見積り提出率」×「契約率」などで売上高を分解すれば，営業マンの成績のバラつきがどこで生じるかがわかり，打ち手が明確になるでしょう。

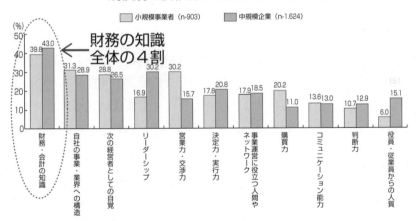

規模別の後継者に不足している能力等

(注) 1．最大3項目までの複数回答。
　　 2．小規模事業者については，雇用従業員数1人以上の事業者を集計している。
　　 3．「その他」は表示していない。
　　 4．後継者には，後継者貸付を含む。

資料：中小企業庁委託「中小企業の事業承継に関するアンケート調査」（2012年11月，㈱野村総合研究所）

6．金融機関とのつきあい

　金融機関としては，なるべくお客様に融資を実行したいものの，返済の可能性が低い状態では実行することができません。しかし，検討する材料は数値だけではありません。本当は金融機関としては，検討する土俵まで上がってくることを待っています。そこまで持っていくのが，経営者の力量なのです。

　そうした力量を，経営者は持っているわけであり，後継者はそのノウハウをしっかりと受け継がなければなりません。具体的には，金融機関に，自社のビジョンや事業計画をプレゼンして，事業の魅力や，収益性があることの証明をするなども，後継者にとってはノウハウを継承する良い機会となるはずです。

7．判断力を磨くために

　後継者の方たちと接していて，彼らが不安に感じていることの一つに，何かあった時に適切な意思決定ができる判断力が身につくだろうか，という悩みがあります。会社の浮沈にかかわるような重大な場面に遭遇したとき，自信を持って断を下すためには，何が必要なのでしょうか？　大きく分けて，次の三つのことが求められます。

(1) 遠くを見つめる

　目先のこと，すなわち現状の問題点に目を奪われるのではなく，将来どうあるべきか，どうありたいかを考えることです。すると，問題点の捉え方が変わってきます。思考力の大切さでも触れましたが，視座を上げる，鳥の目を持って上から問題を俯瞰することが，経営者にとってとても重要なのです。

(2) アンテナを高くする

　次に，会社や業界に関する情報を絶えずキャッチする，現場の意見を聞く，顧客の声に耳を傾けるなど，普段から意識して行動しなくてはなりません。しかし実は，前述した遠くを見つめるという意識が，今よりもアンテナを高くしてくれます。入ってくる情報が変わってくるのです。すなわち，遠くを見つめることと，アンテナを高くすることは，ある意味，同義語なのです。

(3) 判断力よりも実行力が大切

　どんなカリスマ経営者でも，ベストの判断なんてできるわけがありません。
　人間の能力は，さほど違いはないはずです。
　では，優秀な経営者とそうでない経営者のどこが違うのでしょうか。
　それは，やりきる意志，粘り強さの違いです。
　判断がたとえベストではなくても，信じたらとにかくやりきる！
　それが結果として，あの時の判断は素晴らしかったといわれることになるのです。
　素晴らしい判断力を身に着けることは難しいけれども，やると言ったら行動する，最後まで諦めないという実行力を発揮することは，努力すれば誰でもできるはずです。経営者の能力は，自分の気持ちの持ちようで身に着けることができるのです。

第3節 経営者になるうえでの仕掛け「後継者塾」

 後継者を育てるうえで，経営を見える化することが大切であることは，すでに述べました。しかし，場当たり的に状況を示しても，簡単に頭の中には入ってこないでしょう。

 経営を体系的に整理するような枠組み作りが必要なのです。経営の本質や根幹がわかり，大枠が頭の中につくられれば，様々な情報は会社を構成するパーツとして整理されてきます。この枠組み作りを得る場として，後継者塾があります。これにより，自分の会社をはっきりと把握できるようになります。

1．後継者塾の狙い

 後継者塾の狙いは，大きく分けて次の3点となります。

> 『自分の会社を徹底的に知る』
> 『経営に必要な思考力を身に付ける』
> 『後継者同士の交流を促し，一生高め合う仲間をつくる』

(1) 『自分の会社を徹底的に知る』

 塾のカリキュラムで経営を体系的にかつ，実戦的に学びます。それを自社に置き換えることで，自分の会社を徹底的に「見える化」する。基本スタンスは，SCMやIOTなどといった言葉の意味などどうでもよく，要は経営に使えるかどうかを学んでいきます。そして勉強したことを，自分の会社に落としこむのです。

(2) 『経営に必要な思考力を身に付ける』

　情報の整理の仕方，課題解決に向けた思考のやり方を知ります。経営者は会社の他の人たちと違い，広い視野を持ちながら大枠を捉えることが必要です。大局観を持つのです。この大局観を持つという思考は，なかなか身に着けることができません。日本人は掘り下げることは得意ですが，俯瞰することは苦手です。さまざまな情報から，押さえておくべき本質を把握する訓練を行うのです。

(3) 『後継者同士の交流促進と仲間づくり』

　同じ悩みを持つ後継者，経営者として，気軽に相談できる仲間をつります。塾のグループディスカッションの中で，他者を理解し自分を理解してもらう場面がたくさん発生します。その中で他者の考え方との違いを知りながら，気付き合い，リスペクトし合うのです。時には仲間のパフォーマンスに，自己嫌悪に陥ることもあります。しかし，実は自分だけではなく参加者全員が自己嫌悪に陥っているのに気づくでしょう。皆が他者の凄さを知り，悔しさを抱き，頑張ろうと発奮する，こんな化学反応が毎回起きているのが，後継者塾の素晴らしさです。

２．後継者塾のカリキュラム

　経営を体系的に学ぶために，10回のカリキュラムと合宿から成っています。

(1) コミュニケーションを考える

　自分のこと，自分の会社のことを伝える大切さを知ります。自社紹介が上手な経営者は，業績貢献度が高いものです。さらに，従業員や取引先とのホウレンソウや，商品の宣伝，情報発信のあり方を学び，表現の技術を磨きます。自社紹介を３分でまとめ，発表する演習を行います。

(2) 経営理念を考える

　企業における経営理念の重要性を知ります。「なぜアルバイトが顧客のために親身になって対応するような企業が存在するのか？」「いきいきと働く，その秘訣は何か？」をグループワークで話し合います。ポイントは，共通目的としての「経営理念の重要性」です。経営者が何を大切にして事業をしてきたのか，それを後継者がしかりと受け止めることの大切さを学びます。

(3) 経営戦略を考える

　この企業は，なぜこの戦略を採用したのかを考えます。環境を定性的，定量的に分析し，SWOTに落とし込み，「企業の向かうべき方向性」をグループワークで話し合います。ポイントは，大局観を持つことです。部分最適に陥ることなく，個々の情報を俯瞰しながら，問題の本質をつかむこと学びます。

(4) ビジネスモデルを考える

　企業は，どこに強みを見出し，どこでお金を儲けているのかを考えます。社会における自社の位置づけと社内のプロセスから，「儲けの源泉」を明らかにし，ビジネスモデルの本質をグループで話し合います。ポイントは，プレイヤーとの関連図と内部バリューチェーンです。なぜ仕事が来るのか（来ないのか），これから強化していく点はどこかを明らかにします。

(5) 組織を考える

　「戦略を実現する」ために有効な「組織の作り方」について考えます。組織を活性化させるための3要素は，「共通目的・貢献意欲・コミュニケーション」です。ポイントは，上から下へ，下から上へ，そして水平方向へと流れるコミュニケーションの重要性です。自律的に働く社員をどう

生み出すのか，その手法を学び，グループで話し合います。

(6) 労務管理を考える

　社員のやる気を高める労働環境とは何かを知ります。就業規則や退職金制度はあるでしょうか。先代までのカリスマ性だけで従業員をコントロールすることは，もはや不可能です。きちんと従業員の権利を認めつつ，モチベーションの上がる労務管理とは，どうすれば実現できるのかを考えます。残業代削減／リストラの手法といったテクニカル面も学びます。

(7) 業務改善とITを考える

　企業の活動を効率的にする業務プロセスの見える化，IT化について考えます。受注から商品・サービス提供を図式化したら，それを具体的にどのような「業務フロー」に落としこむのか？ 効率的な業務運営には，いまやITシステムが欠かせません。ポイントは，仕事の起点をあきらかにすることです。モノの流れ，お金の流れ，情報の流れを明確にして，ITを活用しながら，問題点を改善する手法を学びます。

(8) 決算書と資金繰りを考える

　数値にもとづくPDCAの大切さを知ります。どの部門（商品／取引先）が儲かっていて，どの部門が赤字なのかを知ることは，会社経営をするうえでとても大切なことです。ただし，細かくやり過ぎるとうまくいかないのも事実です。実践的でどんな会社でも取り組める手法を学びます。同時に税務会計との違いを学ぶことで，決算書の理解を深めます。

(9) 利益管理を考える

　経営者が理解すべき「管理指標」を考えます。業種業態によって，管理するべき指標は変わってきます。粗利率，商品回転率などのオーソドックスなものから，広告費対来店客比率，営業マン当たりのアポイント獲得件

数など，独自の管理指標を掲げる企業もあります。ポイントは，ビジネスモデルとの整合性です。企業にふさわしい管理指標を明らかにする手法を学びます。

(10) 経営法務を考える

経営者の法的な権利，義務を知ります。経営者として知っておかなければならない「会社法」，株主総会および取締役の権利や義務を学びます。また，会社を安全にかつ攻めの運営をするための「リスクマネジメント」を考えます。中小企業が絶対にはずしてはならない対処方法と，無視してもよいものは何かを優先順位をつけながら考えます。

3．講義形態

(1) 基本講義

各回の目的にあわせた経営の考え方，知識を講師から伝えます。大学などの講義ではないので，学術的な考え方を話すことはしません。ただし，経営をするにあたり，セオリーは大切です。セオリー，すなわち「こうすれば，こうなるはずだ」ということをたくさん知っておけばおくほど，リスクの少ない経営ができます。セオリーは，業種や業態に関係ないものであり，紹介する事例が自社とは関係がない他の業種であったとしても，そこから何かが学べるのです。一見，実戦的ではないものもあるかもしれないけれど，その中身を掘り下げると，たくさんの気づきがあるはずです。

(2) グループディスカッション

カリキュラムにあわせ，毎回とも問題を抱えた中小企業のケースが出てきます。このケースを読み込み，グループで情報を整理しながら，解決策を話し合っていく時間をたくさん設けています。講義時間の約半分近くがこれに費やされることになります。

「話すこと」「聞くこと」「整理すること」「結論を出すこと」「プレゼンすること」が毎回行われ，だれ一人として傍観者ではいられません。皆が主体性をもって関わりあう必要性が否応なしに訪れます。そこから，自分を見つめ直すことができます。

また，業種や経験によって，自分とは違った価値観，異なる意見が出てきます。これがとても貴重であり，一つのケースに対して多面的な見方が話し合われる場はなかなか味わえません。今までは固まった思考で見ていたものが，複眼的にみることができ，気づきが得らえる機会が毎回訪れるはずです。

(3) 宿題と発表

講義やグループワークによるディスカッションを，その時で終わらせるのではなく，自分の会社に置き換えられるよう，宿題が毎回出されます。全部で15枚のシートで，その日に学んだことを自分の会社を主語として考えてみるのです。

また，次回の冒頭で自社に置き換えたことで気づいたこと，これからの課題等をグループ内で発表し合います。人に話すことで，また他社と比較することで，さらに自分の会社への理解を深めることができます。

宿題の中には，自分一人ではできないものがあります。社長に聞く，会長に聞く，営業に聞く，経理に聞く，総務に聞くなどが必要になってくるものもあります。そのようなことを経て，15枚を完成させていきます。経営者として引き継いでいかなければならない，会社の大切な見えない資産が見えるようになり，会社の歴史やノウハウがすべて見える化されるのです。

会社の戦略を考えるうえで，組織を考えるうえで，事業計画を作るうえで，根幹が整理できるようになります。15枚が揃った時に振り返ることができれば，今と卒業するときと，会社の見え方が全く変わってくるはずです。

(4) 推薦図書

　後継者塾は，たかだか月4時間です。宿題を含めても10時間に満たないものです。したがって，推薦図書を毎月1冊読みます。これにより，1年間経営の勉強漬けになります。書籍は厳選したものであり，経営者として読んでおいて損のないものばかりです。ここから気づきを得て，講義やケーススタディ，宿題との相乗効果を出すのです。

(5) 交流会

　毎回，自然に交流会が行われます。その日の振り返りをするのも良し，ちょっとした相談ごとをするのも良し，馬鹿ッ話をするのも良し。そんな気の置けない飲み会の中から，一生付き合える，刺激しあう，高めあう仲間が生まれます。同じ後継者という同じ運命を背負った仲間がいることの安心感，ありがたさが，必ずわかるはずです。

(6) 担当講師

　講師は，事業承継士や中小企業診断士およびそれに準じる資格を持つ実務家が担当します。心構えや大局観を持った経営の根幹を学ぶためには，専門分野を掘り下げた他士業より，事業承継の全体像から課題を整理できる事業承継士，さまざまな情報を俯瞰できる中小企業診断士が最適と考えるからです。

※ 事業承継士とは

　事業承継士とは，会社の理念／儲かる仕組み／独自のノウハウ／企業文化を承継し，後継者による更なる成長を図るための資格です。幅広い知識とノウハウが要求される『全体最適』を目指すことを目的として，一般社団法人事業承継協会が，持てるすべてのノウハウを結集した集大成が『事業承継士』なのです。

　　　　　＊　　　　　　　＊

　経営者として意思決定する時や組織を掌握する時の「武器」を得る，そして一生の仲間たちと高め合い続ける「きっかけ」を得る，それが後継者塾です。

　そして特筆するべき点として塾の終了後には自律的，積極的に勉強会が立ちあがっており，さらにこの勉強会が地域を超えて，交流が発展している点です。

　こうした後継者育成ノウハウを普遍化し，パッケージ化したものが事業承継センターの「後継者塾」です。

＊　2017年は，全国14か所で開催中！

第4章

ハードの事業承継

第1節 全体論

　この章では，ハードの事業承継，つまり土地・建物・株式といった資産価値のあるものと，借入・保証といった負債をどのように引き継ぐかという問題を扱います。

　これまで，こうした類の解説書は，節税をどのようにすべきかを中心議題に据えていましたが，経営承継円滑化法の施行により，ハードの事業承継対策は，それほどナーバスにならなくてもよくなりました。それよりも，そもそも自分達のやっている会社を事業承継すべきなのか，という根本をまず考える必要があります。

　先日，相談に見えた機械部品商社の社長は，「売上がピークの3割程度まで落ち込んだため，銀行に対して返済猶予を申請している」と話し始めました。聞くと，従業員の給与も2回立て続けにカットし，自分と奥様の役員報酬をゼロにし，後継者である娘さんの家まで担保に差し出している状況とのことでした。私は，「このまま事業承継しても，娘さんは苦労するばかりですよ。ここは，会社を思い切ってたたんでしまうことを考えてはいかがですか？」と暗に諭しました。その会社は，既に成熟市場にあってシェアも低く，価格競争にいつも負けていて，ジリ貧の商品しか扱えず，毎年減収を続けていたのです。こうした会社を承継させるのは，社長の無

責任と怠慢だと私は考えます。

　今の時代は，むしろ事業承継をさせるに足りるような会社にするにはどうすればよいのか，承継する人から「ぜひ自分に継がせてほしい」と言わせるようにするにはどうすればよいかを，真剣に考える必要があります。

　高収益になれば，当然ながら納める税金も多くなります。しかし，節税のためにわざわざ無駄な経費を使って赤字にし，それがもとで銀行からそっぽを向かれ，事業が立ち行かなくなっては元も子もないのです。それより，「きちんと利益を出す」「配当をする」「税金を納める」ということのほうがよっぽど重要だと断言できます。納税しない限り，財務の改善をして体力のある会社は作れないのです。

　そのうえで，事業承継をする時に多額の贈与税，相続税が発生する見込みがあるならば，ぜひ，この章をお読みいただければ，会社のハードを上手に承継できる方法を学ぶことができるでしょう。

第2節　個人の財産相続と事業承継の違い

　経営者が，個人財産と会社財産（＝事業資産）の仕分けをするといろいろと難しい問題が発生します。よくあるのが，個人の土地を会社が無償で使っているケース，逆に社用車を個人用に使っているケースがそれです。そこで，相続を機に『財産一覧表』へ記入を行えば，何が事業に本当に必要で，何が必要でないかが，一目でわかります。そして，忘れないでほしいのは，負債も同時に記入してほしいということです。家や車のローンはもちろん，他人（他社）の連帯保証人になっている場合も，隠れ負債として記入してください。

　もう，お気づきだと思いますが，事業承継は，見える資産も見えない資産もすべて"見える化"して，引き継ぐ作業と言い換えることができます。見えない資産はわかるが，見える資産を"見える化"するとは何ぞや？と

<財産一覧表>

(単位：万円)

	財産の種類	評価額の目安	評価額
個人財産	自宅の土地	時価70〜80% （小規模資産の減額措置の場合は20%）	
	自宅の建物	固定資産税評価額	
	貸宅地	時価20〜40%	
	貸家建付地	時価50〜70%	
	上場株式／国債	取引相場×90%	
	非上場株式	出資した金額0〜20%	
	現金・預金	通帳残高	
	生命保険	解約返戻金×80〜90%	
	役員退職慰労金	役員退職慰労金×80〜90%	
	個 人 資 産 の 総 額		①

債務の種類	評価額の目安	評価額
借 入 金 （住宅ローンなど）	ローン残高	
個人保証 （連帯保証など）	保証債務	
個 人 資 産 の 総 額		②
個人財産における差引純財産の価額（A）		①-②

	財産の種類	評価額の目安	評価額
事業資産	自社株式	概ね資本の部の金額(純資産額)×持分比率	
	事業用土地	時価の2〜3割	
	事業用宅地	ゼロ	
	事業用貸家	ゼロ	
	貸付金	ゼロ	
	事 業 資 産 の 総 額（B）		

総資産合計	（A）+（B）	

注) 上記は税務上の評価額とは異なり，あくまで手取りベースの評価額とする。

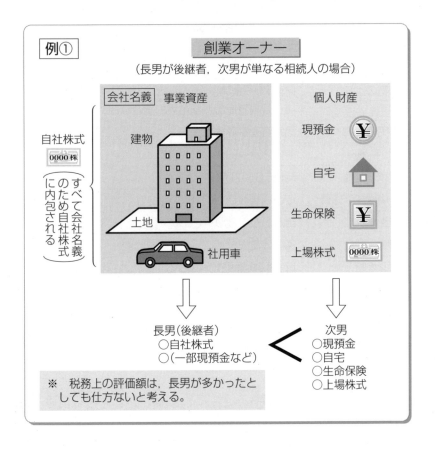

いう疑問には，こう答えたらわかりやすいでしょうか。土地／建物は普段見えていますが，いざ売る時には一体いくらの価値があって，どれだけの資金を稼ぎ出しているのか，これを正確に理解しようということです。

　ここで考えてほしいのは，後継者には事業資産をなるべく集中して一括相続させるということです。ここでいう事業資産の定義は，創業オーナーの土地を会社が使っているケースもありますが，この土地も事業資産にみなすということです。事業に使っている土地を兄弟仲良くということで半々ずつ相続させたとすると，その時はよくても，やがて経営にタッチしていない弟が，換金をしたいと言い出して，兄が資金を工面して買い取ることも，実務的にはよく起こります。

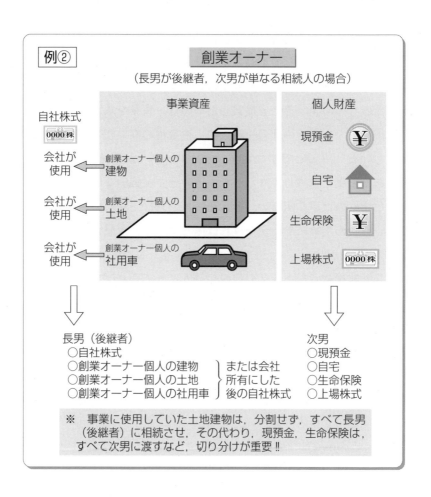

　それから，自社株式を兄弟仲良く50％ずつ相続させたとしても，いざ新しい役員を選任するとか，新規事業へ進出するといった時に意見が対立するならまだしも，決めることができないというケースも多く見られます。また，不動産の場合は，オーナーから子供に一部だけ名義を変えようとしても，その度ごとに登記変更をしなければならず，登記費用も嵩みます。よって，不動産のような分割の難しい資産は，できるだけ会社に名義を変えて会社所有とし，会社の経営権，つまり自社株式を取得することによって，実質的に資産を所有するようにすべきです。もちろん，移転に伴い所

得税が多額に発生する場合は、建物だけにするなどの工夫が必要です。

　ただし、このようにして不動産を会社名義にして、さらにその会社の株式を集中的に後継者が所有するとなると、どうしても相続人間で不公平感が出てくるものです。そこで提案したいのは、事業を承継する後継者よりも、非後継者であるその他の相続人に、換金性の高い相続財産を渡してあげてほしいということです。実際、創業オーナーから見れば、「こんなに苦労のある事業を承継してもらって、その上、金銭的な財産が他の兄弟に行ってしまうのは申し訳ない。経営をしていれば、思わぬ事態が起きて、いざという時のためにお金がなければ困るだろう」と思われるかもしれません。

　しかし、非後継者であるその他の相続人にしてみれば、後継者に"打ち出の小槌"を与えたかのような錯覚を覚えることがよくあります。「多額の役員報酬がもらえるはずだ」と、実際はそうでなくても、そう見えてしまうのが人間の不思議なところです。ここを理解したうえで、相続財産を分配していかないと、後から必ず不平不満がたまるものです。「後継者には事業資産を、その他の相続人には残った財産をすべて」くらいの感覚で、財産分与するのが望ましいといえます。

第3節　株価算定
（公的資格者による算定と証明書の発行）

　事業資産の中でも、もっともやっかいで取り扱いの難しいのが、自社株式です。なぜ難しいのかといえば、①株式の価値を把握することが難しいこと、そして②経営権を左右するもの、だからです。

＜株式の価値を把握するのが難しい＞
　株式は、不思議な財産です。持っている人によって財産の価値が変わります。つまり、株式の評価方法が変わるのです。それだけではありません。

時と場合によって，たくさんある評価方法のうちどれを採用するか，あるいは組み合わせるかが変わってくるのです。

このうち代表的なのは，「類似業種比準価額方式」という業種や事業内容が類似する上場会社の平均株価を基に，配当，利益，純資産を比較して求める方式と，「純資産価額方式」という会社を清算すると仮定した場合の株主への分配額を基に計算する方法です。これ以外にもたくさんの方式があります。次図のフローチャートを見ながら，自分の株式は一体いくらで評価されるのかを判断してみてください。

さて，大事なのは，ここからです。果たして，株式の評価は，高い方がいいのか，低い方がいいのかということです。そんなの決まっているじゃないか，という声が聞こえてきそうです。果たして，そうでしょうか。

後継者が息子や娘婿であれば低い方がいいでしょう（ただし，他人に事業を譲る場合は微妙です）。しかし，M&Aで会社を売却する時に株式が低く評価されてしまったら，心情的にもまたハッピーリタイアメントという点からも困ったことになります。一方で，今の時代は，株価評価を下げるという対策が，経営という本筋から見てかなり足を引っ張る場面が多くなってきている事実も考慮しなければなりません。

第4章　ハードの事業承継

株価算定の方法

＜1＞ 自分はどんな（どれだけ会社に影響を与えている）株主かを判定し，原則的評価方式か特例的評価方式かを選択します。

解 説

(1) 同族株主とは，議決権を合計で30％以上所有する次の①〜③のグループ（50％超所有するグループがいる場合は，そのグループのみ）をいいます。
① 株主等
② 株主等の親族（配偶者，6親等内の血族，3親等内の姻族）等
③ 株主等およびその同族関係者が50％超所有する会社

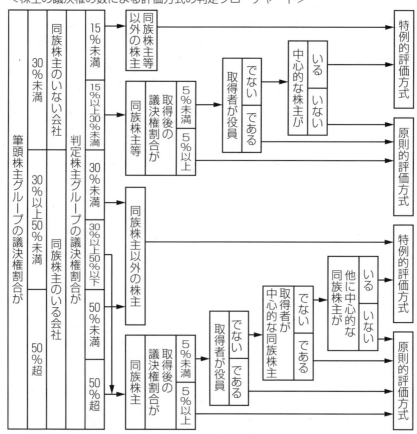

＜株主の議決権の数による評価方式の判定フローチャート＞

(2) 中心的な同族株主とは，評価会社の議決権の数を合計25％以上所有する次の①～③のグループをいいます。
   ① 株主等
   ② 株主の配偶者，直系血族，兄弟姉妹，1親等の姻族
   ③ ①と②の者が同族関係者となる会社のうち，①と②の者が25％以上所有する会社
(3) 中心的な株主とは，次の①および②の要件を満たす株主をいいます。
   ① 同族株主のいない会社の株主
   ② 株主の誰か一人およびその同族関係者の有する議決権の合計数が議決権総数の15％以上である株主グループに属する株主のうち，単独で議決権総数の10％以上の株式を有している株主
(4) 役員とは，社長，副社長，代表取締役，専務取締役，常務取締役，監査役等をいい，平取締役，使用人兼務役員は除きます。

＜2＞ 原則的評価方式の場合は，会社の規模を判定し，類似業種比準価額方式か，純資産価額方式か，あるいはその併用方式かを選択します。（特例的評価方式の場合は，会社の規模に関係なく，配当還元価額方式になります）

会社規模の判定と併用割合

原則的評価方式（同族株主）			類似業種比準価額方式適用割合	純資産価額方式適用割合
	類似業種比準価額方式	❶大会社	100％	0％
	類似業種比準価額方式と純資産価額方式の併用	❷中の大会社	90％	10％
		❸中の中会社	75％	25％
		❹中の小会社	60％	40％
	純資産価額方式（又は併用）	❺小会社 選択	50％ / 0％	50％ / 100％
特例的評価方式（少数株主）	配当還元価額方式			

［会社の規模の基準（小売サービス業の場合※1）］

	従業員数	総資産の額	取引金額
① 大会社	35人超※2	15億円以上	20億円以上
② 中の大会社	35人超	5億円以上	5億円以上
③ 中の中会社	20人超	2.5億円以上	2.5億円以上
④ 中の小会社	5人超	4,000万円以上	6,000万円以上
⑤ 小会社	5人以下	4,000万円未満	6,000万円未満

※1 卸売業，製造業等においては，基準が異なる。
※2 従業員数が70人以上なら，純資産の額・取引金額にかかわらず大会社。

＜3＞ それぞれの価額方式で株価を算定し，＜2＞の適用割合に応じて計算します。

(1) 類似業種比準価額方式（上場株式に準じて評価する方法）

比較要素は，配当・利益・簿価純資産を，1：1：1の割合で加重平均。同業種の株価が高くなると自社の株価も上昇するが，含み資産は株価に反映しない。

1株当たりの類似業種比準価額＝A類似業種比準株価

$$\times \frac{\frac{B'}{B}\text{配当比準額}+\frac{C'}{C}\text{利益比準額}+\frac{D'}{D}\text{純資産比準額}}{3}\times \text{斟酌率}$$

（斟酌率：大会社＝0.7，中会社＝0.6，小会社＝0.5）

	類似業種の		評価会社の
A	株価(注)		
B	課税時期の属する年の1株当たりの配当金額	B'	直前期末における1株当たりの配当金額
C	課税時期の属する年の1株当たりの年利益金額	C'	直前期末以前1年間における1株当たりの利益金額
D	課税時期の属する年の1株当たりの純資産額（帳簿価額）	D'	直前期末における1株当たりの純資産価額（帳簿価額）

(注) 次の①～④のうち，最も低い金額を採用します。
　① 課税期間の属する月の類似業種の毎日の最終価格の月平均株価
　② 課税期間の属する月の前月の類似業種の毎日の最終価格の月平均株価
　③ 課税期間の属する月の前々月の類似業種の毎日の最終価格の月平均株価
　④ 課税時期の前年平均株価
　⑤ 課税時期の月以前2年間平均株価

(2) 純資産価額方式

決算書上の資産と負債の差額を価格とする方法

$$1株当たりの株価 = \frac{相続税評価による資産の総額（相続税評価額） - 負債の合計額 - 評価差額の法人税額相当額}{発効済株式数}$$

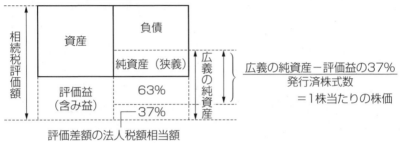

(3) 配当還元価額方式

$$配当還元価額 = \frac{その株式に係る年配当金額}{10\%} \times \frac{その株式1株当たりの資本金等の額}{50円}$$

　たとえば，類似業種比準価額方式において，利益を安易に圧縮してしまってよいのか？という問題があります。利益をあえて圧縮したはいいけれど，それが元で銀行からの貸し渋りに合って，事業が立ち行かなくなることだってあります。

　したがって，会社を継続させるためにどう事業戦略があるべきかが第一です。誰（どの会社）に会社を相続させるのが最適かが第二で，それを踏まえて株式の評価を下げていくのか上げていくのかが第三になってくるというのが，これからの事業承継には大切な考え方になっていきます。ここを間違えてしまうと，後から泣きを見てしまいます。

　この順番が逆になって，まずは息子や娘婿に譲るという結論が先にあって，そのために利益を操作して株式評価を下げようというのは，大きな間違いといえます。それに，経営承継円滑化法が施行されて，あまり株式対策を気にしなくてもよい時代が来たのは，経営者にとっては朗報です。

これからの事業承継は，魅力のある事業，高収益の事業，将来性のある事業を作り上げていき，その事業に磨きをかけられるような人（会社）が相続するというのが王道になっていくだろうと考えます。

　では，そのために何をすべきか。それは，冒頭に述べた事業資産を把握する時に，合わせて自社のネットワーク力・技術力・販売力・商品力といったソフトな経営資源も同時に棚卸をして，さらに磨きをかけるためにどうするかを考えることです。

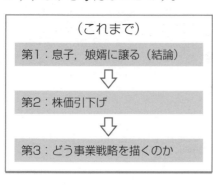
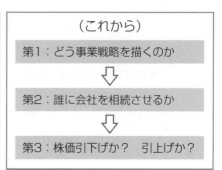

＜現状を知る＞

　株価算定は，まず現状を知ることから始めます。その際に，できれば税理士や公認会計士といった専門家による株価算定書がほしいところです。自分でできないことはありませんが，その手間と時間を考えるならば専門家に任せてしまうほうが，よほど効率がよいといえます。株価算定に係るフィーの目安は30〜50万円といったところでしょうか。顧問税理士に頼めば，月々の顧問料＋aの範囲でサービスするところもありますので，聞いてみるとよいでしょう。こういったお金を惜しむと，結局は損をするものです。事業承継を一日でも早くスタートするために，優秀な専門家に株価算定をしてもらい，有効なアドバイスをもらったほうが賢明です。

　では，まず息子や娘婿に譲るという前提条件で，株価を引き下げる方法から説明します。

（1）類似業種比準価額方式が高くなる原因としては，会社の利益，配当，

純資産が高いことが考えられますが，このうち純資産は過去の蓄積なので引き下げることは難しいですが，利益や配当は意図的に引き下げることが可能です。

＜配　当＞

通常配当を特別配当や記念配当に変えます。こうした一過性の強い配当は計算から除外されますので，通常配当の配当率を下げる効果があります。ただし，配当を期待している社員株主には差額を給与にするとか，外部株主には配当優先株式へ変更するといった配慮が必要です。

＜利　益＞

会社分割により子会社を設立して好業績部門を移したり，後継者が設立した別会社へ営業譲渡する方法があります。不動産を別会社へ移して土地保有割合を下げることにより，土地保有特定会社から外す場合にも有効です。ただし，会社分割の結果，株式保有特定会社（いわゆるホールディング会社）に該当することのないように，注意する必要があります。

＜その他＞

① 不良債権を償却あるいは売却する
② 不良在庫を処分する
③ 有価証券評価損あるいは有価証券売却損を計上する
④ 遊休固定資産を売却して損を出す
⑤ （業績が良ければ）従業員へ臨時ボーナスを出す
⑥ 役員退職金の支給
⑦ 大型の設備投資を行い，減価償却費を計上する
⑧ 生命保険への加入
⑨ オペレーティングリースの購入

しかしながら，これらの方法は，利益を引き下げるという負の側面も持っているため，対金融機関，対取引先に対する信用力も考えながら，事前に十分な説明を行い，協力体制をとってもらうことが必要です。

(2) 一方，純資産価額方式が高くなる原因は，会社の内部留保が厚いこ

とや有価証券や土地建物に含み益がある場合が多く，時間がかかることが多いので，配当と利益を引き下げながら，過去に蓄積された純資産を徐々に吐き出していく対策が有効となります。そして，一般的には類似業種比準価額方式のほうが純資産価額方式よりも株価が低く計算されますので，会社規模を大きく，つまり成長発展させて類似業種比準価額方式を適用する割合を高めていくのが有効です。

さて，ここで全く違ったアプローチから株価を引き下げる方法として，中小企業投資育成株式会社からの第三者割当増資を受けるという方法を紹介します。中小企業投資育成株式会社とは，法律に基づいて企業の成長発展を目的に設立された公的な会社で全国に3社しかありません。単に時価発行増資を行うのであれば，株価引下げの効果はありませんが，実は同社が引き受ける株価は（旧商法下における）額面に近く，それでも課税関係が生じないという法律で定められた特殊な算式を持っています。（中小企業投資育成株式会社法：昭和38年施行）

＜事例①＞

A社の状況

倉庫会社：年商30億円，当期純利益3,000万円，従業員60名，配当1株当たり500円，資本金5,000万円，発行済株式数10,000株（うちオーナーが所有する株式数5,000株）

オーナー所有の株式数5,000株の相続税評価額が1株20万円なので全体で10億円となります。この時の税率を50％と簡便的に計算すると，税金は約5億円と多額になります。

そこで，中小企業投資育成株式会社に第三者割当増資を行い，株価を引き下げることにします。

中小企業投資育成株式会社の株価算式

株価算式＝（1株当たり予想純利益×配当性向※）／期待利回り
※配当性向＝配当金／当期純利益

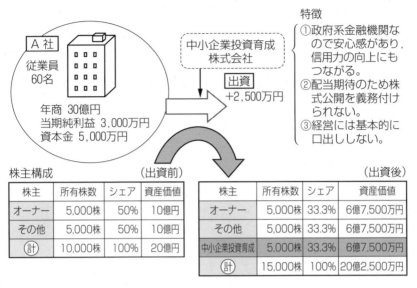

　A社は，優良企業として内部留保が厚く，毎年1株当たり500円の配当も行っていました。また，今期1株当たりの予想利益が当期純利益に等しかったと仮定しますと，期待利回り10％で計算すれば（期待利回りは企業の安定性，成長性などから8〜12％の範囲内で決定されるが，平均的には10％が多いため），株価は5,000円と計算されます。中小企業投資育成株式会社には5,000株を割り当てるとして，純資産が2,500万円増加し，20億2,500万円となるので，増加した株式を加えた15,000株で割ると，新たな株価は135,000円となります。つまり，オーナーの株価評価は，65,000円も一気に下がり，株式全体で3億2,500万円減額し，相続税額で約1億6,000万円の節税となるわけです。

さて，ここで心配なのは，そうは言っても第三者が株主として入るリスクはないのかということです。この点について中小企業投資育成株式会社は，配当収入を期待する株主なので，利益計上が相応にあるのに無配だったり，説明もなく営業譲渡を行うなどして，利益を社外流出するような行為さえしなければ，通常の経営により赤字になって無配になろうとも，経営に口出ししませんから，長期的な視点でお付き合いしてもらえる安定的な株主として考えて差し支えありません。

第4節　株式の移転・集中による経営権の確保

　株価を引き下げた後に，どのようにして後継者に株式を移転・集中していくのかについて，考えてみたいと思います。
　ごく最近までは，株価引下げのための対策として株式の分散をすることが常識となっていました。このため，過去に株式対策をほどこした企業の株主名簿を拝見すると，株式が親戚や友人知人等にばら撒かれてしまい，いざ後継者に株式を集中させようとしても，すぐにはできないケースが多々ありました。

> 　私の見た中で最も株主数の多い会社では，150名以上の株主が存在したというケースがありました。この場合は，逆に徹底して株式分散を図り，個別の株主シェアを1％未満まで下げてしまうという戦略を用いました。こうなってから株式を掻き集めるのは，よほどの理由がない限り現実的ではありません。ここまで来ますと，後継者に完全な形で経営権を引き継がせることが困難になります。たとえば，全く関係のない第三者から配当をもっとよこせとか，株主総会で経営の揚げ足を取るような発言があるなど，経営の足かせになるケースがあるからです。
> 　こうした場合は，株主総会を開催しないでも実行できる株主割当増資を行う方法，単元株制度や株式併合を利用して少数株主の議決権を奪っていく方法，定款を変更して種類株式を発行する方法など，かなり高度なテクニック

が必要になってきますので，素人がタッチせずに我々のようなアドバイザーの事業承継士に相談するようにしましょう。

＜事例②＞
『遺言と生前贈与の組み合わせを駆使する』

　ここでは，被相続人である創業オーナーに，妻と長男，次男という相続人が3人おり，長男に会社経営を任せたいという事例を考えてみましょう。

　相続財産6億円のうち，自社株式が4億円（100％創業オーナーが所有），現預金が2億円あるとします。本来ならば，妻に2分の1である3億円，長男に4分の1である1.5億円，同じく次男に1.5億円が相続されるわけですから，全く平等に相続すれば自社株式もそれぞれ2億円，1億円，1億円という割合で分配されてしまいます。しかしながら，それでは長男に25％の株式しか相続されないため，仮に妻と次男が結託すると，合算所有株式が75％で3分の2超を所有しますので，ほとんどの決議を可決することが可能となり，場合によっては長男を追い出すこともできます。

　そんなことは滅多にないのでは？と考える方もいらっしゃるでしょうが，親子間の関係は時として不可解な面を持っており，想像を超えた出来事が起こることもあるのです。通常は，相続人同士の遺産分割協議で遺産を分割することになるわけですが，自社株4億円を長男に集中的に相続させてしまえば，長男の法定相続分である1.5億円をオーバーしてしまいます。したがって，そうならないためにも，ここでは，創業オーナーが遺言書を作成し，自社株を長男に遺贈すると当時に妻と次男には現預金を遺贈または生前贈与することで，後々生じる可能性のある争いを未然に防ぐべきと考えます。

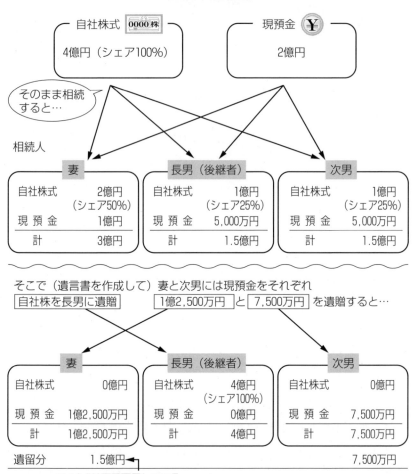

このケースだと，妻より長男に対して，遺留分の不足分である2,500万円を請求される可能性はあるが，それさえ解決できれば自社株式のシェア100％は確保できる!!
※ ただし，上記の方法では，長男の納税資金対策を生命保険や役員報酬の増加等で手当てしておかなければならない。

遺言書は法定相続に優先しますので，妻の遺留分である1.5億円と次男の遺留分である7,500万円の合計2億2,500万円は最低限主張され

る可能性はあったとしても，自社株4億円をまるまる長男が相続して，残った現金2億円を妻と次男が相続すれば，たとえ遺留分を主張されても，足りない分の2,500万円を長男が渡しさえすれば，感情のもつれはそれほど出ないはずです。こうして，経営権である株式と相続財産としての現金を分けて相続させることが可能となるのです。

　この＜事例②＞の別の解決方法として，①後継者以外の相続人に，金融資産を生前贈与する ⇒ ②後継者以外の相続人には，事前に了解を取って遺留分を放棄してもらう ⇒ ③後継者に自社株のすべてを相続させる旨の公正証書遺言を作成する，といった実行手続きも有効でしょう。このうち，②の遺留分の放棄ですが，「遺留分放棄の許可の申立書」を家庭裁判所に提出すると，家庭裁判所は，この申立てに基づき，遺留分の放棄が相当かどうかを判断して，許可あるいは却下の審判を行うことになります。家庭裁判所では，放棄が本人の自由意思にもとづくものであるか，放棄の理由に合理性と必要性があるか，放棄と引き換えに現金をもらうなどの代償性があるか，という基準にもとづいて許可をします。

　ただし，この遺留分の放棄は，現実問題として，なかなか上手くいかないことが多いのです。前述のように，その他の相続人にしてみれば，後継者には"打ち出の小槌"を与えたかのような錯覚を覚えることが多いため，明らかに大目に金融資産を贈与してあげないと，なかなか心情的に納得がいかないということが多いのです。

　ところで，経営承継円滑化法では，民法の特例として，一定要件を満たす中小企業の後継者が，推定相続人全員と合意を行い，Ⓐ先代経営者から後継者に贈与された自社株式等について，遺留分減殺請求の対象から除外すること（除外合意）や，Ⓑ遺留分算定時において，自社株式等の価額をその合意における価額とすること（固定合意）を認めています。

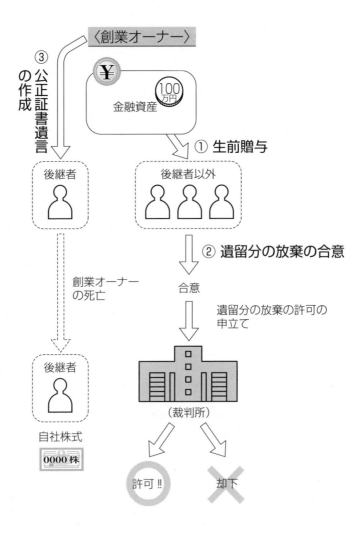

　現行の民法では、後継者が生前贈与によって取得した自社株式を遺留分の算定基礎財産に含める時の価額は、相続開始時の価額で計算し直すことになっており、後継者の経営への貢献により株式評価が上昇した分だけ遺留分の価額も上昇するという皮肉なことが起ってしまいます。その上昇分は、後継者の努力によるものですから、他の相続人にそのがんばった分を主張されないようにするというのが、この民法の特例の主旨です。

では，どちらがより後継者にとって好ましいかといえば，Ⓐの除外合意を使ったほうが，完全に自社株の生前贈与分を遺留分の算定基礎財産から除外できるので，ベターといえます。

　そこで，創業オーナーは，後継者に対する試練とモチベーションを与える意味でも，また後継者以外の相続人に納得してもらい，後継者の応援団になってもらうためにも，きちんとした事業承継の方針を出すことが重要です。一方，後継者は，人を束ねて調整しなくてはならない立場にいるのですから，相続人間のコミュニケーションを積極的に行い，自己犠牲の精神で望めば，きっと協力してもらえるはずです。

　いずれにしろ，ⓐもⓑも推定相続人全員の書面による合意が必要です。

<合意事項>

	遺留分減殺請求の対象	後継者にとって	後継者以外の相続人にとって
Ⓐ除外合意	完全に除外	通常相続より有利	通常相続より不利
Ⓑ固定合意	合意における価額で固定	通常相続より有利になる場合と不利になる場合がある	通常相続より，有利になる場合と不利になる場合がある

<遺言書を作成する方法>

　遺言書の作成方法には，自筆証書遺言，公正証書遺言，秘密証書遺言の３種類があります。一般的には，自筆証書遺言は，様式を整えるのが難しいので公正証書遺言を作りましょう，となっていますが，実際に遺言書を作成している方はどれだけいるでしょうか？　それは，自分の死という，日常は考えることができない哲学的・宗教的なことを正面から見つめる覚悟が必要になってくるからです。

　いきなり遺言書を作成するという行為のハードルが高い場合は，最初はパソコンで遺言書を作成してみてはいかがでしょうか。その中身は，遺産の分配にこだわらずに，長年連れ添った奥さまへの感謝の言葉や，普段では子供に面と向かって言えないこと，そして自分が亡くなった後に残した

い、家訓・知恵といった未来へのメッセージを書いてみてください。この作業をすることによって、初めて「死」という絶対に避けられない現実と正面から対峙することができ、たいへん冷静な頭で経営を考えられるようになるはずです。そして、毎年、お正月やお盆などの決まった時期に、心境の変化や相続財産の変化がありますので、それを反映させた新しい遺言書を書き直してみればよいのです。それを、何回か繰り返してから、本格的に自筆証書遺言を作成してみると、スムーズに書くことができるはずです。

第5節 株式購入資金対策

＜株式買取資金としての死亡退職金＞

　これまでは節税するための方策を考えてきましたが、額の多少はあるにしろ、どこかの段階では納税しなければなりません。そういった時に、死亡退職金の支給は、相続人にとって大きな納税資金対策となります。

　では、その死亡退職金をいざ支払おうとした時に、もっとも頼りになるものは何でしょうか。

　それは、現金預金に他なりません。「そんなこと言ったって、現金預金が潤沢にあるなら苦労しないよ」という声が聞こえてきそうです。では、現金預金を普段から貯めておくにはどうすればよいかといえば、きちんと利益が上がる商売をし、無駄なものにカネを使わず、納税をきちんとするということです。

　納税資金対策の話をしているのに、「納税をきちんとしなさい」というのは一見、矛盾するように感じるかもしれませんが、そうではありません。世間一般の常識では、利益が出て納税額が多くなりそうな時は、必要もない社用車を購入したり、仕事とは直接関係ない遊興費を交際費として計上したり、なるべく法人税を納めないようにするとされています。

株式購入資金として考えられるもの…

① 死亡退職金

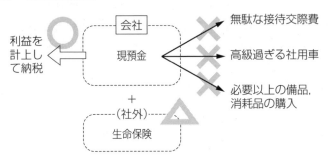

※ただし，役員退職慰労金規程を整備する必要がある。

② 金庫株として売却

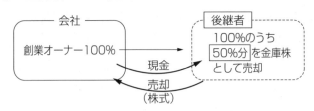

③ 日本政策金融公庫からの借入れ

日本政策金融公庫は，事業承継を行うために必要となる自己株式や事業用資産を取得する中小企業者に融資を行ってきたが……

経営承継円滑化法に定める
「経済産業大臣の認定」を受けると……

平成20年10月1日より，中小企業の後継者である代表者個人に対しても，融資ができるようになった。

　しかしながら，節税をするということは，ほぼイコールで現預金を社外に流出させることになりますので，本気で現預金を会社に蓄積させようと思ったら，「税金をたくさん払う」しかないということを覚えておいてほしいのです。（もちろん現預金を社外に流出させない節税ならば，ある程度は許容できます）

ただし，生命保険への加入に関しては，予め会社の外に資金を積んでおくことになるので，節税と死亡退職金の原資になるという意味ではかなりの有効打になります。保険加入の良い点の一つには，会社に現預金を積んでおくと，どうしても目に見えているばっかりに，運転資金や設備資金に使われてしまいがちですが，それを社外積立にしておいて資金を強制的に確保するという効果があるのは事実です。（保険商品への課税は年々厳しさを増していますので，保険募集人あるいは保険会社から最新の情報を常に入手してください）

＜保険金活用の具体的な方法＞
　会社が創業オーナーの死亡に備えて被保険者を役員，保険金の受取人を会社として生命保険に加入しておきます。そして，いざ相続が発生したら，会社は受け取った生命保険金を，遺族に対し死亡退職金として支払います。ここで注意してほしいのは，個人で加入する相続人を受取人とする生命保険だけでなく，会社を受取人とする生命保険にも加入しておくということです。
　もう一つ大事な点は，死亡退職金を支払う際に整備しておかなければならない役員退職慰労金規程です。もちろん，会社が受け取った死亡保険金をそっくりそのまま遺族に支給することもできますが，税務上は損金として認められないと指摘されてしまう可能性もあり，また役員ごとに支給根拠が曖昧であると，トラブルになることもあります。そこで，計算根拠にもとづいて，対外的にも社内的にもきちんと処理していることを明示する必要があります。
　では，どのくらいの金額ならば役員退職金の額として税法上，相当と認められるのでしょうか？　その役員の最終報酬月額，役員在籍年数，そして同業種で同規模の役員退職金の平均などを総合的に参照して，相当である役員退職金を算出すれば，問題ないといわれていますが，一概には何ともいえません。

たとえば，退職時の最終報酬月額が5万円でも，裁判所が認めた最終報酬月額が82万5千円だった例もあり，他にもたくさんの例外が認められています。その際に，何が重要になるかといえば，「理論武装」なのです。

では，一般的な計算方法について，次に2種類の方法を示しておきます。

退職金の計算方法①

(1) 平均功績倍率法

① 比較法人の功績倍率 $= \dfrac{退職給与支給額}{退職役員の最終報酬月額 \times 勤続年数}$

② 比較法人の平均功績倍率 $= \dfrac{比較法人の功績倍率の合計}{比較法人数}$

③ 最終適正役員報酬月額 × 在職年数 × 比較法人の平均功績倍率
　＝適正役員退職給与額

※ 業績が急激に落ち込んで直前に大幅な引下げをした場合には，引下げ前の報酬月額やそれまで支給した平均値でも認められる場合あり。
※ 実際の功績倍率では，3倍を超えて認められるケースもあるが，多くは4倍くらいまで。
※ 実務で一番採用される計算方法

退職金の計算方法②

(2) 1年あたり平均額法

① 比較法人の1年当たり退職金額 $= \dfrac{役員退職金}{在職年数}$

② 比較法人の1年当たり退職金平均金額 $= \dfrac{比較法人の1年当たり退職金額の合計}{比較法人数}$

③ 比較法人の1年当たり退職金平均金額 × 在職年数
　＝適正役員退職給与額

※ 長年，代表取締役だったが，退職時に非常勤取締役となり，報酬月額が前職に比べて減少しているような場合や，退職時の報酬月額が，在職期間中の職務内容からみて著しく低額である場合に使われる。

なお，役員報酬は定款で定めるか，株主総会決議で定めなければならないのはご存じのとおりですが，役員退職金も役員報酬の一種ですから，株主総会の決議が必要です。実際には，株主総会で，退職役員に対し退職金を支払うことを決議し，具体的な金額は取締役会に一任するというパターンが多いようです。

＜納税資金対策としての金庫株の活用＞

自社株を相続人が相続したものの，評価額が高くなってしまい，相続税の納税に困るケースが多々見られます。ただし，会社にはお金がある程度たまっている，あるいは換金することができる資産があるという場合には，その相続税の納税資金を会社から引っ張り出すという方法があります。

それは，相続人が，相続した株式を会社に売却することで，会社がその購入代金を相続人に支払うという方法です。この会社が買い取った株式を特に金庫株と呼びます。通常であれば，この相続人が自社株を売却した際の税務については，配当所得と譲渡損益の両建てになり，最高税率55％超が課税されるケースもありますが，相続が発生して3年10か月以内の場合には恩典があります。ただし，極めて複雑なので，必ず公認会計士や税理士といった専門家にご相談ください。

なお，金庫株を使うと，相続人の納税資金対策だけではなく，
(1) オーナー一族である株主の資金需要に応えることが可能
(2) 株主構成を変化させて，経営権を安定化させる
といったことにも使えます。

逆に，金庫株のデメリットとして，財務体質の弱体化という側面には注意を払ってください。金庫株として買い取るということは，即ち現金を会社の外に流出させることになりますから，当然ながら財務体質を弱体化させることとなります。

<日本政策金融公庫からの融資を受ける>

　さて，上記の金庫株を活用するとしても，それ以前の問題として，資金繰りの厳しい会社やそもそも買取り原資としての現預金がない会社もあります。その場合は，経営承継円滑化法のうち金融支援措置ということで，日本政策金融公庫からの融資を会社が受けるか，あるいは相続人が個人として融資を受けるという方法があります。ただし，その前提として，経営承継円滑化法に定める「経済産業大臣の認定」を受ける必要があります。

> 【注】　この経営承継円滑化法の金融支援措置は，まだ始まったばかりであり，どんな会社でもすぐに融資が受けられるかというと，そんなに簡単には行きません。やはり，金融支援措置を受けるには，きちんとした経営の透明化，説明義務を果たしているほか，事業計画や事業承継計画等を策定して，それに則って経営をしているなど，いくつかの条件が必要になってくると思われます。詳しくは，日本政策金融公庫のHP（http://www.jfc.go.jp/）へアクセスし，お近くの店舗へお問い合わせください。

　相続税を支払う金融資産もさして見当たらない，かと言って金融支援も受けられない相続人は，「延納の申請」を行うことにより，5～20年以内の分割払いでの延納が可能になります。延納期間中は，利子税の支払いが必要なほか，延納税額及び利子税の額に相当する担保を提供する必要もあります。しかも，利子税の割合も，この低金利下にあっては高率なので，現実的には選択しづらいと考えます。

　この場合，物納という最後の手段をとることができますが，要件が複雑なので，税理士あるいは所轄の税務署と相談しましょう。

第6節　M&A・営業譲渡のための会社の磨きあげ

　諸般の事情を考えて，いよいよ会社を手放すことに決めたのでしたら，しっかりと売り物として自社を商品化しなければなりません。

高く売るためにも，従業員の将来のためにも，先送りしてきた問題点があれば，しっかりと処置をすることが必要です。

　延々と積み上げてきた未払い報酬や，会社への貸付金などの処理は，可能な限り資産を現金化させたうえで，合法的な取り方をしましょう。

　反対に，取締役への貸付金や仮払金の未清算部分は，明確に返済し，帳簿から不明朗な部分を少しでも減らしましょう。

　さらに，不良在庫は除却したり，損耗処置も必要です。そのような簿価の見直しも行ったうえで，目に見えない価値の磨き上げが必要です。

　次に，弊社が行ったM&A案件へのアドバイスを記載しますので，参考にしてください。

M&A　営業譲渡の場合

事業承継　簡易診断書

株式会社　○○　殿

2017年○月○日

事業承継センター㈱

御社の事業承継の問題点

- ご親族に後継者がいない

- 従業員にも後継の適任者がいない

- 無借金のため株価が高い
- 業歴80年を誇るブランド価値
- 優良取引先

- 外部のM&A会社は費用がかかり過ぎる

- 相談相手が限られる

①

解決策

- 株価を引き下げる・・・代表の退職金支払い
　　　　　　　　　　　従業員の退職金支払い
　　　　　　　　　　　＜社内の現金を使う＞

- 営業譲渡・・・顧客との継続取引が可能な事
　　　　　　　　　＜売るべき価値を明確に＞

- 同業者への売却・・・従業員の継続雇用

- 従業員への売却・・・最後の支払能力と実行可能性チェック

②

具体策

- 株価引下げは諸刃の剣・・・受取額が減少・企業体力の低下

- 会社価値の詳細な算定・評価・・・公認会計士・税理士による算定＜会社の見える化＞

- 買収可能業者の選定・・・同業組合・金融機関・商工会議所等のネットワーク
- 仲介者の選定・・・＜信用のおける代理人＞
- 契約書実行立会人の選定

- 従業員への説明会開催
- 退職金などの支払い

- 現社屋の再活用，または使用継続

③

手順

- 専門家との契約

- 事業承継計画表の作成
- 各種資料の作成
- 会社の時価評価額の算出

- 売却先選定・・・情報収集
- 売買の交渉・・・価格・条件・時期

- 社内の整理・・・従業員対策
- 取引先対策・・・営業譲渡への準備
- 売買契約の成立・・・マージン支払い

④

会社の価値を高める従業員対策

従業員	年齢別の名簿 在社年数一覧 退職金規定	退職金の積み立て 保険金の解約
年齢別 就業年数	役割・能力の確認 ＜資格・免許＞	業務分掌規定 職位と職務権限
台帳の作成	従業員服務規定 就業規則 労働者名簿	賃金台帳 賃金テーブル

1. 継続雇用を条件とする売却
2. 新会社への移管を納得させる説明会

⑤

営業譲渡用の売却資産一覧表

1. 顧客名簿
2. 既存取引先一覧表

3. 取引価格表と粗利率一覧
4. 個別原価管理票

5. 必要資材リスト

6. 業務対応マニュアル
7. 営業対応申し送り注意一覧表

⑥

税金対策と引退後の生活設計

- 相続税の納税予想額の算定
- 税金支払いの原資を確保

- 生命保険の加入状況
- 会社受け取り額の確認
- 共済積み立て金の受け取り

- 年金
- 個人受取の賃貸料収入
- ご子息様との協議

- 新生活の設計・・・ハッピーリタイアの完成！

⑦

M＆Aと廃業は安易に考えないで！

▸ 1．M＆Aに関する理解＝夢と現実。廃業コストが増大！

▸ 2．仲介機関への相談＝費用負担の現実

▸ 3．会社売却価格の算定と会社の磨き上げ

▸ 4．M＆Aの実行＝秘密裏にスピード感で金融機関活用

▸ 5．代替M＆A＝創業希望者へのバトンタッチ

課題の絞り込みと懸念事項の抽出

専門家への相談

⑧

■ Colum 4 ■
どうしても事業承継の道筋が見つからない場合の対処

事業承継者がいない場合の会社継続の方法

　息子や娘がおらず，また従業員の中にも任せられる人材が見当たらない場合でも，会社業績が比較的好調だったり，あるいは業績はあまりよくないものの，大手企業との取引口座を持っていたり，特殊な技術・ノウハウを持っていたり，商品がブランドとして認知されている場合などは，M&Aで会社を第三者に売却する方法があります。

　この場合には，株式売却，事業譲渡，会社分割，合併などさまざまな方法がとられるわけですが，どうやってこれらを実現するかという難問が立ちはだかります。

　なぜなら，中小企業は，会社自体がそれほど名前が通っているわけではありませんから，そうした買収候補企業を見つけることが非常に難しく，この最初のハードルをクリアするのが困難であるからです。

　こうした時に，相談する相手としては，M&A仲介専門の会社，金融機関になりますが，売りに出る会社の規模や収益性によってふるいにかけられてしまい，ほとんどの中小企業には買い手が現れないという事態に陥ってしまうことが多いのが現実です。

　理由として多いのは，買収先の持つ商品／サービスのマーケットの将来性に魅力がないことがありますが，実は会社の持つ魅力が伝わりきれていないという面もあります。

　自社の魅力が，こうしたM&A仲介専門の会社，金融機関の担当者に伝わらなければ，その先にいる買収候補者が現れることはまずありません。

　そのためにも，会社側ではM&Aを考えた場合に，会社の見える化を行っておくべきだと考えます。即ち，決算書に表れない人材力，販売力，ブランド力，技術力などを，目に見える形にしておくのです。こうした見える化をするのは，日々仕事に追われている中小企業にはなかなか難しい要求かもしれませんが，中小企業基盤整備機構の推進する魅力発信レポート（http://miryoku.smrj.go.jp/)，中小企業大学校が行う無料経営診断サービス（http://www.smrj.go.jp/inst/tokyo/list/sindansi/keieisindan/index.html）等を活用することで，無料で見える化を実現することができます。もしくは，コンサルティング会社でも数十万～百万円程度でこうしたサービスを行ってくれる

ところもあります。

確率の最も高いM&Aの方法は、『創業オーナーの顔見知りの同業者、あるいは取引先』だといえます。

同業者や取引先は、普段から業界の協会や勉強会を通じて顔合わせをする機会も多く、また個人的に親しくなったりして、飲みに行ったり、ゴルフ仲間だったりするので、こうしたM&Aのような、微妙でトップシークレットの話でも気軽に話せるということがあります。それに、同業者や取引先であれば、自社の良さを理解してくれますので、説明するのに労力をとられないということもあります。(中にはM&Aのついでに、買収してもらった会社の子息を自分の娘のお婿さんとして迎え入れ、そのお婿さんが新社長として活躍しているという、事業承継と娘の結婚を同時に解決した強者もいます!)

誰に相談したらよいのか？

会社を取り巻く環境に構造不況があるため、なかなか打開策が見当たらずに、赤字が続いており、M&Aの相手先を探そうにも買収候補者が表れない、おまけに息子（娘）も他社で働いており、望み薄という三重苦、四重苦に陥ってしまった場合は、どうしたらよいかについて触れておきます。

まず、こうした事態になってしまった場合には、事業承継士に相談することをお勧めします。

本当に再建の道はないのか、あるいは売却、規模縮小したうえで継続という道がないのかを、数値などを検証しながら方策を練ります。そのうえで会社の方向性を見極めてから、はじめて税理士に相談するか弁護士に相談するかを決めていきます。

なぜなら、最初から税理士に相談すれば、まだまだ実は会社経営を継続できるのに、数値だけを見て廃業や撤退を判断されてしまうことがあるからです。

また、弁護士に相談すると、すぐに破産や会社更生法、民事再生法などの法的手続きを勧められるケースが多いからです。

これは、各士業の得意分野にどうしても持ち込もうとする傾向があるため致し方ないことですが、会社経営を継続するか、廃業するかという重大な局面ですから、しっかりとした第三者で、利害関係がなく中立公平な意見を言ってくれる方に相談するのがベストといえます。

私もよくこうした相談を受けますが、相談を進めていくうちに、普段は顧

問税理士に対しても隠している簿外債務のことや，個人資産のこともポロっと出てきたりして，総合的に冷静な判断が下せるのが，意外と第三者だったりします。

どうやって会社をたたむのか？

あらゆる継続の方法を検討したが，どうしても選択肢がない場合は，いよいよ会社をたたむという道を辿ることになります。口惜しい気持ちもあるでしょうし，歯痒いことでしょう。

しかし，下手に事業承継を進めてしまうよりも，会社をたたんでしまって，すっきりしてから充電期間を経て，再起することもできますし，息子（娘）が新会社を作って，そっくりそのまま同じ事業をゼロから始めるという方法もあるわけです。

ある意味，法人という人格も人間の生死と同じで，起業（誕生）があれば廃業（死）もあるという観点に立てば，必ずしも廃業を後ろ向きに受け止める必要はないと思います。

会社のたたみ方には，いくつかの方法があります。法的手続きを利用しないという点では，(1) 事実上の廃業，(2) 任意整理，という二つの方法があります。また，法的手続きを利用する方法としては，(3) 自己破産があります。（特別清算という法的手続きもありますが，中小企業がこの手続きを取るケースは稀なので，ここでは触れません）

(1) 事実上の廃業

事実上の廃業は，商売をある日を境にして止めてしまうことです。これを活用できるのは，商売を止めることで法的手続きを取らなくても済むような範囲で商売をしている場合で，最も簡単な事実上の廃業を選ぶことができます。

つまり，無借金だったり，社長個人が多額の財産を有している場合がこれに当たります。こうした条件が揃っている時には，弁護士などの専門家に依頼しなくとも，自分自身で事実上の廃業手続きを行うことは，それほど困難ではありません。

逆に言いますと，銀行借入の返済，取引先との契約解除，売掛金回収，買掛金支払，リース物件の返還／買取，等が発生する場合には，事実上の廃業だけでは済まないケースが多いので，任意整理や自己破産など弁護士

の手を借りた方が得策といえます。

　手続きとしては，まず現状の資産と負債を把握しますが，その際には中途解約できない機械リース契約解除の損害金や従業員退職金などの簿外債務も計算に入れてください。

　ここで問題になるのは，固定資産売却益が多額に発生するケースです。この場合には，役員退職金を支払うことで課税所得を圧縮するという方法をとるなどの工夫が必要です。

　事実上の廃業ができるかどうかのポイント

Q	金融機関から借入がないか？　あったとしても一括返済できる額か？
Q	取引先との契約解除は社長が処理できるか？　トラブルにならないか？　多額の違約金が発生しないか？
Q	買掛金の支払いは社長が処理できる件数と金額か？
Q	売掛金の回収は時間がかからないか？　全額回収できるか？　不良債権はないか？
Q	リース物件の返還や買取は社長が処理できる額か？

すべての質問に
YES
と答えられれば，事実上の廃業は可能！
一つでも
NO
であれば，任意整理を考える。

(2) 任 意 整 理

　任意整理は，私的整理とも呼ばれるように，必ずしも弁護士に依頼して行う必要はありません。しかし，全く弁護士に相談することなく自己流のやり方ですべてやるというのも感心しませんので，もし自分でやるとすれば，都道府県の法律相談，東京商工会議所，中小企業相談センターの法務相談などで，きちんとやり方を教えてもらって着手するべきです。

　なぜなら，借入れや支払債務の返済をする過程で，これらがさらに膨らんでいき，結局は自己破産申し立てになるケースが多く，この場合，自己流でやった任意整理のやり方如何によっては代表者個人が免責を得られない恐れがあるからです。

　そうすると，会社は破産をすることで債務弁済責任を免れることができますが，個人は債務の弁済責任を免れることができないという困った事態

になることもあるからです。

　また，弁護士が代表取締役の代理人として債権者に対して「受任通知」を出して債権の種類，金額を確定するわけですが，これは同時に債権者から代表取締役へ直接の請求，取り立てを止めさせることができる効果も発揮します。とくにヤミ金業者等から借入れがある会社は，弁護士に依頼することをお勧めします。

任意整理ができるかどうかのポイント

会社

①資産
現預金，売掛金，受取手形，在庫，土地建物，機械工具，什器備品，貸付金，自動車，保険etc…

②負債
借入金，買掛金，支払手形，リース，未払給与，未払保険料／年金，未払税金

個人

③財産
現預金，土地建物，株式，自動車，保険（※会社名義か個人名義かに注意！）

④借金
会社への保証，その他の連帯保証，個人的な借入金

⑤収入
その後に働いた現金収入

①＞②であれば任意整理が可能
①＜②の場合でも，①＋③＞②＋④であれば任意整理が可能
①＋③＜②＋④の場合でも，①＋③＋⑤＞②＋④から返済できるなら任意整理が可能

　この任意整理を弁護士以外の者が報酬を得て行うことは，弁護士法で禁じられています。弁護士に依頼すればコストは数百万円程度になりますが，司法書士に頼めば140万円以下で債務整理までできますので，上限が決まっている分，安心して依頼できるでしょう。

(3) 自己破産

　自己破産は，支払不能または債務超過にある債務者の財産を清算する時に使われる法的手続きです。会社や社長個人の資産をもってしても負債を返済することができない場合に使われるのが自己破産です。

　社長が弁護士に依頼をして，弁護士が会社の申立代理人として裁判所に

自己破産の申し立てをします。申し立てには，裁判所に予納金を納めなくてはなりません。負債総額によって変わってきますが，負債総額が5,000万円未満なら70万円，1億円未満なら100万円，5億円未満なら200万円というように負債総額によって変わってきます。（※ただし裁判所により予納金は変わります）また，弁護士に支払う報酬としては，債権者数が5社以内で業務量が少ない特殊な場合は30万円程度からで，通常の中小企業だと50万円程度から，そしてこれに負債総額や会社規模などに応じて75〜300万円程度になることもありますが，あくまで目安です。

Colum 5

「事業承継ノート」と「仕事の手仕舞いノート」の活用方法

　事業承継を進めるための手順と考え方の整理，そして計画表の作成までを一冊にまとめたのが「事業承継ノート」です。このノートは，信用金庫の職員さんと一緒に現場周りをしながら，改訂を繰り返して作りました。そのために非常に優しく，わかりやすい作りになっています。一人で書き込みながら仕上げてもいいのですが，事業承継士とキャッチボールしながら書いていくと，自然に仕上がるようになっています。

　さらに，選択肢として「廃業，清算」という結論が見えている方に，もう一度，考えを整理して「これで間違いないね」という安心感を得てもらいたくて作成したのが「仕事の手仕舞いノート」です。

　タイトルは廃業をイメージして厳しい表現ですが，ハッピーリタイヤノートという側面もあります。ご家族や関係者の皆さんに最終結論を説明するためにも，ご自分の考え方を整理して見える化するための道具です。

　こうしたツールは，使い方がよく理解できて，初めて本当の力が発揮できます。事業承継士と協議する前さばきのツールとしても，活用されることを願っています。

 発売元。
http://www.jigyousyoukei.co.jp/intro/jigyousyoukei_note/

■ Colum 6 ■
他人をワンポイントで社長へ登板させる際の注意点

　まず、どんなタイプの人をワンポイントで登板させるかが、重要になってきます。タイプというのは、性格で分類するというよりも、むしろどんな経験とバックボーンを持っているかということで分類したほうがいいのかもしれません。その際に、社内から登用するか、社外からスカウトするかは悩み所でしょうが、社外から来ていきなり社長になったケースで、うまくいくということは相当難しいといえるでしょう。上場企業であれば別ですが、多くの中小企業の従業員は所帯が狭いところで仕事をしていますから、なわばり意識が強く、また組織的な経営に慣れていませんから、必ずと言っていいほど、社外からスカウトしてきた、現場や仕事の内容を把握できていない新社長の、やり方に反発してしまうのです。

　とくにその人物が大企業出身者の場合は、なおさらです。新社長にしても、大企業で長年サラリーマン生活をしてきたわけですから、中小企業の社長とのギャップは、それこそ別世界に迷い込んでしまったくらいのカルチャーショックを受けるはずです。

　したがって、社外からの人物を登板させる場合でも、一度、社員ないしは役員として入社させてから、2〜3年程度の期間を置くことが望ましいといえます。

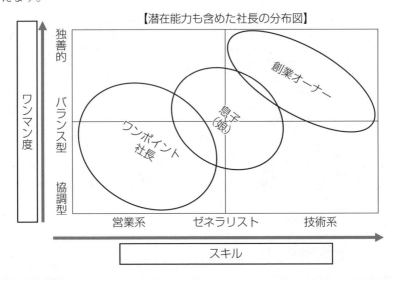

【潜在能力も含めた社長の分布図】

図表のように，創業オーナーの性格としては，ワンマンタイプで技術系の出身が多く，親分肌で情熱家，積極的という感じでしょうか。これに対して，いずれは後継者になる予定の創業オーナーの息子（あるいは娘）というのは，営業系の出身が多く，人情に左右されず，時には合議的にものごとを決めていく一方で，財務や経理に弱いタイプが多いようです。同時に，ＩＴに強いという特徴も持っているケースが多いです。

　では，ワンポイントで社長を登板させる時のタイプとしてどんな人材が相応しいかといえば，創業オーナーとは対極にあるか，あるいは二代目に近い感覚を持った人物に任せたほうがよいといえます。これには，二つの理由があります。

　一つは，一度これまでに築いた社内文化とか社内システムを組織的，合議的な観点から改革していくためには，創業オーナーと同じ考え方を持った人物ではなかなか改革が進まないということがあります。よって，思い切って社内に歪みをあえて作って，従業員の思考回路を変え，行動を変え，そして会社としてのあり方を変化させていく，いいきっかけにするためには，創業オーナーとは気質の違う方を登板させるほうがいいだろうと考えるからです。

　もう一つは，この改革によって，社内に出来た歪みは，すべてが会社にとって本当に最適なものとは限りません。これを，次の後継者である創業オーナーの息子（あるいは娘）が再度，見直し，従業員の意見などを聞いたうえで，戻すところは戻す，改革を進めるところは進めるというように，仕分けを行い，バランスのとれた経営へ再び改革を行うという役割へのいわば火付け役を担ってもらうことなのです。したがって，ある面では，ワンポイントの経営者は憎まれ役になる可能性も高く，かなりの重圧が社内からかかることが予想されます。だからこそ，創業オーナーはきちんとワンポイント継投の社長を補佐し，権限を与え，バックアップしていかなくてはならないのです。どちらかといえば，他人だからこそ，むしろ面倒見良くしてあげるくらいの心掛けが必要でしょう。

　このようなお膳立てがあれば，次の後継者である息子（あるいは娘）は，ある程度のレールを敷いてもらっていますから，たいへん楽に事業承継ができます。ある時は，従業員の味方になって意見を聞いてあげて，創業オーナー時代のやり方に戻すこともあれば，ある面ではさらに改革を断行することによって強いリーダーシップを発揮するということで，次の長い政権を担う礎を築くということにも繋がるはずです。

創業オーナーは，会長職あるいは相談役にとどまり，双頭体制であることを社内外に示しておき，息子へ再度バトンタッチする時に備えて，計画的にローテーションを組んですべての業務を把握させるようにします。また，息子（あるいは娘）には，常にそのワンポイント継続の社長に同行させ，人脈を途絶えさせないようにしておくことも重要です。

　注意点としては，そのワンポイント継続の社長が60歳代以上であるなど，社長退任後は引退するならまだしも，まだそこそこ若いケースだと，社長引退後の花道も用意してあげるべきです。それによってモチベーションが低くなるケースも大いにありうるからです。したがって，社長へ登板してもらう年数の目途を伝えるとともに，その後は会長職の用意をしてある旨をきちんと伝えてあげたほうがよいでしょう。そうでないと，他にプロパーの取締役がいたり，あるいは古参の従業員で部長職の立場で止まったほうが，結果として責任はとらなくていいうえに，トータルの給与もそちらを選択したほうが上回ってしまうケースもあり，まるで社長職を任されたことが，ババ抜きになってしまっては，モチベーションもあがるはずはありません。

　そして，他人をワンポイントで社長へ登板させる際には，この際ですから組織的で，規律のある社内体制を構築してしまってはどうかと考えます。つまり，これまでは取締役会を設置している会社であったとしても，事実上は社長の鶴の一声で，ものごとが決定していっていた仕組みを，きちんとした合議制へと変容させます。そして，これまでとは違った経営体制になったということを，社内外に対して示していく好機であると捉えてはどうでしょうか。また，労務管理にしても，残業代が払われなかったり，稟議制度が曖昧だったり，未整理な点があれば修正します。

　株式の所有については，原則は株式を持たせないことです。持たせたとしてもわずかにしておき，退任したときには，株式を会社へ売却するような「取得条項付株式」にすべきです。

　最後のチェックポイントとして，あくまでワンポイントであるということを，社内外にも通達しておくことが重要です。もし，取締役の任期を定款上で10年間にしている場合は，2年任期へ変更しておくことを忘れないようにしてください。

信託と事業承継

　信託は，これからの事業承継を考える経営者にとって，ある特定の状況下に置かれている場合は，極めて有効な対策になるケースもあります。そのケースとは，次のようなものです。

① 唯我独尊！
　　親族の意見やアドバイスなどではなく，あくまで自分がやりたいように自分の財産の分配や会社経営権の移転について決めてしまいたいケース。
② 医師の宣告！
　　自分の余命が病気や寿命のために残りわずかであり，そのため，どうしても自分の死後にわたって自分の財産の分配や会社経営権の移転について影響力を残したいケース。
③ 妄想幻想！
　　親族のことを信頼することができない疑心暗鬼に陥り，公正証書遺言や遺言執行人を立てたとしても自分の思っている通りに相続がなされないことが想定されるケース。
④ 未来設計！
　　後継者がまだ幼少あるいは学生など，中継ぎとして別の経営者をあて，その後で後継者として経営を継いでもらうなど，事業承継をするタイミングが，自分の死後に訪れることが想定されるケース。

　こうした経営者は，信託を検討してもよいと思います。
　信託の仕組は，本人（＝委託者：信託行為により信託をする人）が決めた『経営を安定的に実行し，事業承継していく』ために，信託会社（＝受託者：信託財産の管理または処分をする法人）に本人の財産の名義を移転し，信託会社が，本人または本人が指定する者（＝受益者：信託の利益を受ける権利を持つ人）のために，その財産の管理・運用・処分をするものです。

＜事例紹介＞
　たとえば，次のようなケースを考えてみましょう。

> 「後継者候補の長男が，まだ子供であるため，弟を中継ぎリリーフにあてて，成人後に，長女に事業承継をさせたい」

【解　説】

> 　ここでは，本人が生きている間は，収益受益権を本人に帰属させているため，会社が配当をした時には，本人が配当を受けることができます。
> 　これを応用して，死亡時に収益受益権を奥さんに帰属させ，生活費としてあてることも可能です。
> 　そして，長男が20歳になった時に，「信託契約を終了させるような契約」を結んでおくことができます。
> 　なお，本人死亡後の受益者変更権を指定することもできます。
> 　そうすると，長男以外の者（たとえば次男）を後継者に指定することも可能となります。
> 　また，本人・経営委託者（本人の弟）の指図により，経営の意思決定が行われることになりますが，本人が死亡し，長男が20歳に達していない場合には経営委託者を議決権行使者に指定し，経営の安定継続を図ることになります。

　このような，柔軟な設計も可能となるのです。
　ただし，信託はそれなりに「高いコスト」もかかりますし，相続税，贈与税などの課税から逃れられるものではありません。
　また，自分の死後に「遺留分についての争い」がなくなるわけでもありませんので，民法から逃れられるものでもないということを覚えておいてください。
　信託は万能ではないのです。
　また，そもそも，これだけ目まぐるしく世の中の進化のスピードが増し，ビジネス環境も劇的に変化する中で，果たして現状の経営者の思いを最優先にして，二世代，三世代先まで「財産や経営権を指定してしまうような信託」を果たして組むべきかどうかは，再考の余地があるといえます。

事業承継と金融機関

　事業承継のタイミングにおいて，金融機関の力を借りなければ難しいこと

がたくさんあります。

たとえば、「役員退職金の支給」、「事業用不動産の売買」、「役員借入金の借り換え」、「株式買取り資金」、他にもたくさんあります。

こうした資金使途は、事業承継支援を積極的にやっている金融機関はともかく、やっていない金融機関に対しては、事業承継をしようとするタイミングから、なるべく「情報を共有」していくことにこしたことはありません。

そして、後継者へ「バトンタッチした後のキャッシュフロー」まで一緒になって考えてもらい、場合によっては新規融資だけでなく、「融資の一本化」まで協力してもらうなど、総合的な金融支援を取り付けるように、積極的に事業承継のタイミングに絡んでもらえるように、経営者が仕向けていくことが大切です。

もう一つは、**「連帯保証人の問題」**があります。

連帯保証人の承継は、返済の最後の砦になるため、社長交代はしたが、前経営者が引き続き連帯保証人の地位に留まらざるを得ない（あるいは留まるように指導される）状況があるのです。

ところが、2014年2月1日には、日本商工会議所と全国銀行協会が共同で、「経営者保証に関するガイドライン」を公表した中で、一部の条件が整えば、「金融機関は連帯保証人から外すことに積極的になるべき」という動きが、ここにきて加速していることもまた事実なのです。

ただし、実際に連帯保証人の地位を完全に承継するためには、一にも二にも「会社の業績次第」なのです。

キャッシュフローが確保できて、返済原資が見込める、そして「この後継者なら次の経営者として立派に会社を続けていくことが出来る！」と金融機関に確信させることが、重要なのです。

そのためには、先代の経営者がやってこなかった「事業計画書をきちんと策定」して、「金融機関へ説明しにいく」とか、融資をお願いする時に「資金繰り予定表、販売計画を持参して行く」だけでなく、融資してもらった後の「結果報告」にも行くといった「後継者の姿勢と能力」が問われることは間違いありません。

事業承継士の中には、こうした後継者に寄り添って、一緒になって計画書や予定表を作成するお手伝いをしている者もいますので、ぜひお問合せください。

ワンポイント社長を迎える場合のスキーム

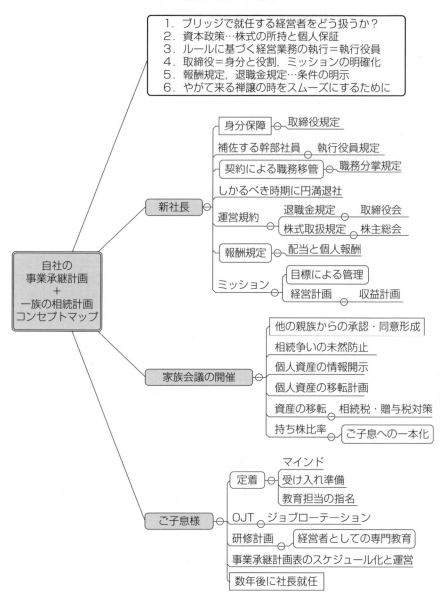

第5章

ソフトな経営資源の事業承継

第1節 事業承継で継ぐのは知的資産経営

1. 知的資産とは

　知的資産とは，「従来のバランスシート上に記載されている資産以外の無形の資産で，企業における競争力の源泉となる，人材，技術，技能，知的財産（特許・ブランド等），組織力，経営理念，顧客とのネットワーク等，財務諸表には表れてこない目に見えにくい経営資源の総称」を表しています。

なお，知的資産は，企業価値を生み出す源泉ですが，多くの場合，
① それ自体に交換価値があるわけではないこと
② 独立して売買可能ではないこと
③ 知的資産のすべてをその企業が必ずしも所有・支配しているとはいえないこと

などに留意が必要です。

したがって，個々の知的資産の価値を絶対額で評価することは難しく，活用される戦略，プロセス等によって中長期的な価値を創造することに，注意してください。

「事業価値を高める経営レポート」P2（中小企業基盤整備機構）より

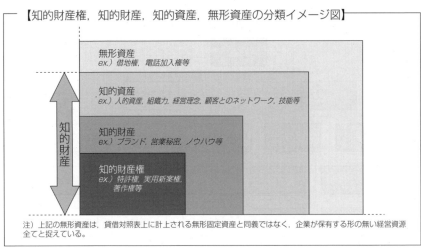

【知的財産権，知的財産，知的資産，無形資産の分類イメージ図】

注）上記の無形資産は，貸借対照表上に計上される無形固定資産と同義ではなく，企業が保有する形の無い経営資源全てと捉えている。

「知的資産経営マニュアル」P7（中小企業基盤整備機構）

知的資産の分類	
人的資産	従業員が退職時に持ち出す資産
例）	イノベーション能力，ノウハウ，経験，柔軟性，学習力，想像力，モチベーション等
組織資産	従業員が退職時に企業内に残留する資産
例）	組織の柔軟性，文化，システム，手続き，マニュアル，データベース等
関係資産	企業内の対外的関係に付随したすべての資産
例）	供給会社との関係，顧客ロイヤリティ，顧客満足度，イメージ，金融機関との交渉力等

2．「知的財産権」とは

　「知的財産権」とは，特許権，実用新案権，育成者権，意匠権，著作権，商標権その他の知的財産に関して法令により定められた権利または法律上保護される利益に係る権利をいいます。

　この本では，別の観点から**「知的資産」**として取り上げていますので，意味の違い，表現の差にご注意ください。

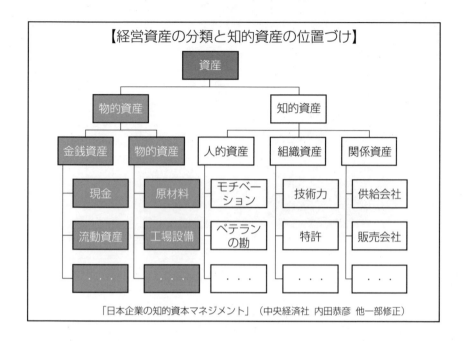

3.「知的資産経営報告書」

　金融機関が企業の「ソフトな経営資源を重視する」傾向が現れてきましたが、その判断材料としての「知的資産経営報告書」は、まだまだ日本で本格的に普及するには時間がかかりそうです。

　いきなり耳慣れない用語の登場で当惑する方も多いと思いますが、財務諸表を見るだけにとどまらず、「企業価値を査定するにあたって、企業の社風や将来性、優秀な人材の有無、有用な特許や技術を保有しているか、経営者の人柄や人格はどうか、取引先との信頼関係や産業連環の役割分担」といった対象企業のあらゆる非財務諸表の経営資源を把握して、総合的に評価するという手法なのです。

　したがって、詳細な経営計画書や事業計画書をもとに対象企業の未来予想図を徹底的に分析しつつ、その裏づけを取っていくことになります。同級生や近隣へのインタビューや、取引先への調査などにより詳細なデータ作りが行われます。

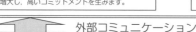

「知的資産経営マニュアル」P10（中小企業基盤整備機構）

　したがって，「必要書類を提出して終わり！」という今までの融資査定とは大きく異なり，融資を受けようとする企業の代表者・経営者が自社の現状や将来性を正確に説明する「借り手の事情説明書」としての「知的資産経営報告書」が重視されることになります。

　報告書の内容は，「自社の強み」「技術面での優位性」「他社との競争に勝つ理由」「人材の優位性」などなどを，詳しく説明したものです。
これからの後継者は，自分を説明する能力が必要になります。

　人に理解してもらう事業内容の表現力が大切になってくるのです。
とくに企業の売却やM&Aを計画する方は，少しでも「価値を見える化」するために，「知的経営資産報告書」の活用をお勧めいたします。

専門家選定シート

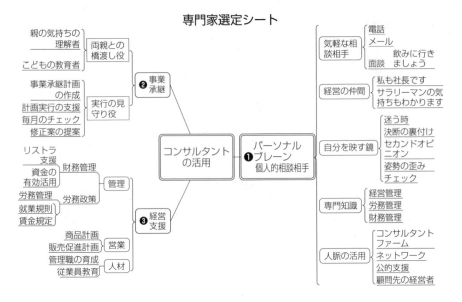

Colum 7

メンターとセラピスト
〜心の支えを探そう〜

一般社団法人事業承継協会　http://www.shoukei.or.jp/

　医者と弁護士を一族に持つと安心だといわれていますが，それ以上に重要なのが，【心のケア】ができる人材です。

　少し大きい会社では，産業カウンセラーの設置が義務付けられているほど，うつ病やパワハラなどの対策が不可欠なのです。

　では，中小企業のトップは，どうやって心の平静を保つのでしょうか。

　弱音を人前で話すわけにはいかないし，背負っている社会的責任の重さにストレスは増加の一途ですね。夜ごと酒がなくては寝付けないという経営者もたくさんいますが，それでは体が持ちません。

　海外ではセルフチェックだけではなく，個人でメンタル面の相談ができる専門家を抱えている人が多いのです。

　これが，簡単に見つかるなら苦労はいりません。友人に療法士やボランティアでセラピーを行う篤志家はいるのですが，そういう所は病院か社会福

祉施設になってしまいます。元気に経営しているトップが気軽に行ける場所ではありません。

　そこで，私たちが養成しているのが，企業の健康医＝事業承継士です。

　つまり，経営者の相談相手なのです。経理や法律面なら税理士や弁護士がいますが，心の面まで相談できる専門家は事業承継士しかいないのではないでしょうか？

　万一，あなたがメンタル面で辛い思いをされているなら，ぜひ一度会ってみてください。特に人生の後半を乗り越えてきたシルバー世代の事業承継士なら，経験も豊富で相談相手にピッタリのはずです。

　あるいは，若い後継者が悩んでいるなら，同世代の若手の事業承継士に相談してみましょう。

　私がご相談を受けているお相手は，どうしても辞めるのに抵抗があって，自分の心の中のもう一人の自分が納得していないのだと，居酒屋で悩みを吐露されましたので，早速セラピストの友人のクリニックへ行ってもらいました。数回の面談と施術を経て，現社長は悩みを肩から降ろしスッキリとした顔になり，事業承継への道筋が明るくなりました。こうした事例は，たくさんあります。悩んでいるのは，あなただけではありません。解決方法は，一種のテクニックとツールですから，専門医である事業承継士を探してください。

　きっと，あなたにピッタリとフィーリングの合う人が見つかります！

4．知的資産経営の意義と効果

1. 競争力の源泉である知的資産を認識・活用すること
　　中小企業の強みは，財務情報に表れていない部分に存在する場合が多い。自社の独自の知的資産にはどのようなものがあり，それがどのような価値に繋がっているかを認識し，活用する。
2. 社内外の関係者の力を取り入れること
　　中小企業の経営資源には限りがあるので，自社の価値創造に沿って社内外との連携を深めた経営を進める。
3. 経営者の想いを共有化し，外部とのコミュニケーションを図る
　　会社の方針を社員と共有化し，方向性を明確にし，金融関係や取引先等とのコミュニケーションを図る。

5．知的資産経営報告書作成の意義と効果

> ▶ 内部マネジメントツールとして
> 　経営者の頭の中にある経営方針や経営戦略を，報告書にドキュメント化することで，経営者の考えの整理や事業活動のベクトルの明確化が図れる。
> ▶ 外部コミュニケーションツールとして
> 　自社の知的資産を把握し，その活用方法を裏付け指標（KPI）と共に報告書に記載し，開示することで，各ステークホルダーに対する信頼性を高めることに繋がる。

「知的資産経営マニュアル」P12（中小企業基盤整備機構）

6．知的資産経営報告書のメリット

> Ⅰ　知的資産経営報告書の作成プロセスでの活用
> Ⅱ　作成した成果物（アウトプット）をコミュニケーションツールとして活かす
> Ⅲ　作成後に経営（マネジメント）でマネジメントツールとして活かす

Ⅰ　知的資産経営報告書の作成プロセスでの活用
１．経営者が考えている経営戦略の整理
　経営者が考えている新たなビジネスモデルや経営戦略，経営方針の立案時に，知的資産の整理と知的資産活用のバリューチェーンを見ることで，戦略ストーリーが可視化され構築が容易になります。また，今後の戦略構築において必要とされる知的資産も見えるので，強化策も立案することができます。
２．後継者への円滑な事業承継
　後継者が自社の知的資産を整理し報告書にまとめることで，会社の位置づけや見え難かった知的資産（＝強み）を的確に把握することが

でき，円滑な事業承継に生かせます。

3．経営幹部の育成

経営幹部や，その候補該当者に知的資産経営報告書を作成させ，会社の位置づけや知的資産（＝強み）を的確に把握させることで，経営活動のベクトル揃えや，従来以上の強みを発揮した事業活動を実現させます。

4．若手・中堅社員の理解度向上と先輩社員の意識向上

知的資産経営報告書を作成する時に，入社歴の浅い社員に作成を委ねます。社員は若いので，会社のことは十分知りつくしていません。そこでわからない箇所は，先輩や管理者に尋ねて確認するようにさせます。そうすると，若手社員だけでなく，尋ねられた年長者も改めて会社の中身を確認することになり効果的です。

5．組織知・現場知の表出化・連携化ならびに職場の活性化

知的資産経営報告書を作成することで，現場にある暗黙知の「見える化」を行うことになります。従業員が気がつかなかったことや，気づいているが表現し難かった事柄が見えるようになり，ノウハウの継承が容易になります。また，知的資産のバリューチェーンを描くので各々の知的資産の繋がりが見え，お互いの協力や協調性が生まれ，職場の活性化が図れます。

6．IPOに向けての自社の現状分析

株式の公開に向けて，自社の分析を行うことは重要です。

知的資産経営報告書を作成する過程で，自社の現状の知的資産を整理するとともに，将来獲得するべき知的資産も明確になり，IPOに向けた対策が明確になります。

Ⅱ 作成した成果物（アウトプット）をコミュニケーションツールとして活かす

1．潜在顧客やユーザーへの開示

　知的資産経営報告書を開示することで，出来上がった製品やサービスが何故実現できているかを示すことになり，新規顧客やユーザー様にとって安心してお取引ができるようになります。知的資産経営報告書は，製品パンフレットなどではない大切なものをお伝えすることができます。

2．取引先・協力会社への開示

　知的資産を示すことは，自社がめざしているものをプロセスを含めて明瞭に示すことができます。このことは，製品等を販売していただいている取引先や，部品や材料を提供して頂いている協力会社とのコミュニケーションを強化することになり，一層強い協力体制を実現することになります。

3．就職希望者への開示

　優秀な人材の採用は，企業にとって大切な資産調達です。人材募集において知的資産経営報告書を示すことで，従来の会社案内と違った企業紹介を行えます。就職希望者に最適な情報を提供できるので，事業活動とマッチした人材を採用することができます。

Ⅲ　作成後に経営（マネジメント）でマネジメントツールとして活かす

1．事業活動の品質向上

　知的資産経営報告書では，あるべき姿とともに将来の価値創造を描きます。その将来に向けた方向性について，全従業員の意識や活動のベクトルを揃えることが大切です。知的資産経営分析に事業活動目標（KPI）を示すことで的確な方向性を明示し，定期的な検証を行うこ

とで足並みの揃った経営を実現できます。また，知的資産経営分析は，事業計画書にも反映させることが可能になり，事業計画の実現性を高めます。

2．目標管理

　知的資産経営報告書作成を通じて明らかになった事業活動目標（KPI）に基づいた目標を設定することで，ベクトルの揃った事業活動が可能になります。また，各々の目標の達成が事業の成功に結び付くので，目標と成果が関連付けられたわかりやすい目標管理になります。

3．人事評価

　上記の"2．目標管理"を行うことは，人事評価にも生かすことができます。事業活動のバリューチェーンが「見える化」されているので，自分の活動目標の位置づけが明確になり，目標と実績，評価が納得性の高いものになります。

詳しく知りたい方は，以下の情報をご覧ください。
中小企業庁「知的資産経営」ポータルサイト
http://www.meti.go.jp/policy/intellectual_assets/index.html
※　参考資料
　　『強みの源泉「経営理念」を活かしたマネジメント』
　　　　　　　　　　　　　事業承継士　横田透著　現代書林

第2節 ソフトな経営資源の事業承継計画表

1．ソフトな経営資源とは

　知的資産経営報告書に書かれている内容のことで，簿外の資産とか，見えざる経営資源ともいいます。

　よく聞く言葉では，「会社の見える化」をするときのマニュアルや，会社案内・カタログ・製品パンフレットなども，このためのツールとなります。またホームページなども，自社を理解していただくための情報発信ツールとして重要です。

　これらに書かれていることは，「当社はいかにして社会から存在を許されているか」，あるいは「何のために経営しているのか」ということを表しています。

　会社の存在理由は「売上と利益」という方もおりますが，私は「社会に受け入れられて」「存在を許されている」からと考えています。

　そのためには，必要としている「儲け」がなければなりませんが，その「儲かる仕掛け」「これを回し続けて行けば事業継続」できるビジネスモデルのことなのです。ビジネスの本質は，お金儲けの仕掛け・仕組みを維持して回し続けることです。

　利害関係者の誰が何をしているのか。従業員の役割と分担はどうなっているのか。どこが「儲けの秘訣」なのか，「核」となるビジネスの重要ポイントを後継者が把握するのです。

　社会とのつながりの中で，仕事を通じて生きているのが人間です。

　当社は，どこと，どう，つながっているのか，明確な関係式として理解することが必要です。

2．先代経営者の歩んだ道を記録する歴史として

　ビジネスモデルを文字に書き記すのは，なかなかに骨の折れることです。また，文字に書いてしまったら，「誰かにマネされるんじゃないか？」「重要な会社の秘密がバレてしまうのではないか？」，そのような心配を抱く方がいますが，現在のインターネット時代では，秘密にしておくことのほうが，はるかに難しいです。

　仕事上の利益を生み出す仕組みや，儲けの源泉にかかわるノウハウは，退社した従業員に容易に持ち出されているのです。人と共に移動して，口伝えに漏れていくのです。

　これは防ぎようもありませんから，逆に自分達からオープンにして，既知の事実「公知」にしてしまえばいいのです。また，社史沿革・先代の自分史に後継者の新経営計画を加えた「事業承継book」の作成は，大きな記念行事ともなり，取引先の記憶となりますし，営業の道具としても役に立つのです。

　それを親から子へ，あるいは次世代の経営者へ，しっかりとつないで行く手順を，この計画表で作り上げていくのです。

3．人脈の引き継ぎがいちばんの難所

　父の世代の仕事上の仲間や発注先の担当者は，多くの場合にサラリーマンですから，経営者よりも先に定年退職したり，役職定年に引っかかって，担当の立場を離れることが多いです。

　そうなると，父親の世代の人たちが一気に若返っている現場で，相変わらず受注側のみが高齢化していきます。

　やがて年齢ギャップが激しくなり，共通言語を失い，コミュニケーションが難しくなるのです。

　そうなってからあわてて，若手を後継者として連れて回っても，すでに知己がいないわけですから，新規の営業と変わらなくなってしまいます。

なるべく，社長が若いうちに後継者に役職を譲り，経験を積ませなければなりません。無形の価値を引き継ぐには，時間が必要です。経験と勘が伝わるためには「伝承の余裕」が必要です。

4．代表交代をセレモニーに仕立てる

外部への情報提供のタイミングとして，代表の交替をセレモニー的に式典として行い，「感謝の会」とか，「引退式」と「新社長の就任パーティ」を同時に行い，この席に重要な取引先を集めて，顔つなぎを行うのです。

最近は，ホテルなどで行う大掛かりな「〇〇株式会社　新社長就任披露宴」「創業者の引退式」などは減りつつあります。

しかし，反対に現代風の「ビジネスマッチング会」とか，「新製品発表会」などのような「販売促進パーティ」と同時に兼ねて行われています。

プレス発表で新聞に載りたいとか，テレビに取材される機会を作りたいとか，願っている方は多いのですが，そのような機会を自ら作り出すには，これほどピッタリくるイベントはありません。

この場で，先代と後継者が壇上で手に手を取って挨拶し，参列者に対して，自分達の歴史と未来への意欲を書いた「事業承継book」を手渡しながら，最後のお別れを行うのです。

まさに，第二の人生の船出の式といえます。

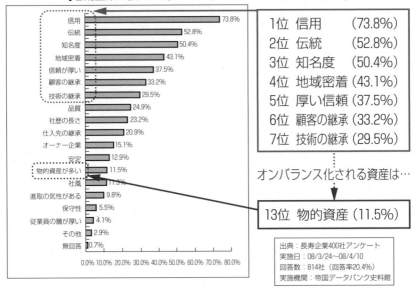

5．世界に誇れる日本の100年企業

　帝国データバンクの「長寿企業4,000社アンケート」資料によると，老舗といわれる企業でも，自社のソフトな経営資源を「信用」「伝統」「知名度」などとしています。
　これを作り上げるのは容易なことではありませんが，「資金」や「物的資産」の量ではないということなのです。

　つまり，老舗企業の強みとは，「簿外の資産」なのです。
　後継者が，これらの自社の知的資産を整理し報告書にまとめることで，会社の位置づけや見え難かった知的資産（＝強み）を的確に把握することができ，円滑な事業承継に生かせるのです。

Colum 8

事業承継bookの作り方

　そもそも「目に見えない会社の価値」を，どのようにして次の世代に伝えればよいのでしょうか？

　現社長の頭の中には，一杯の事象と経験としてバラバラに記憶されています。さらには，本人がすでに忘れてしまった過去の経験や重要な示唆に富んだ事件もあったことと思います。また，深層心理に刻まれた心の傷もあるでしょう。

　① 二度と思い出したくないような辛いコトA。
　② 忘れようと努力した過去の遺恨B。
　③ 悪夢のようにうなされる失敗の記憶C。

　実は，そうした厳しい現場を乗り越えてきたからこそ，現社長には人間の品格が育ち，深みと凄味があるのです。

　では，若い後継者にそれをもう一度体験させることで身に付けさせますか？

　実際には，そんなことは不可能です。それよりも合理的な学習によって，先人の経験や知恵を自分のモノにすることができるのです。その仕組みが後継者塾であることは，第3章でご理解いただけたと思います。

　ここで，先代経営者と後継者が作り上げる【事業承継book】は，花伝書のように，家訓，人生訓を伝え残すための記憶帳のことです。

　私の父はすでに23年前に他界しましたが，数冊の手帳が残されました。そこには，本人の活動記録と共に，苦悩，軋轢，愛憎，戸惑い悩むリアルな文字が記載されていました。この手帳は，私の宝物です。自分が年を取り，父の年齢を越えていく時，あの時の父の背中が語っていた言葉が甦ってきます。

　できれば，元気なうちに後継者に語り残す言葉を書き残してください。現代的には声を録音しておいても良いのではないでしょうか。ビデオで残すのもよいですね。

　なにしろ，気づいた時には先代はすでに居ないことの方が多いのですから。後継者にとって終生手元に置いて，見直す経営バイブルが【事業承継book】になるはずです。

〔☞第8章・P229，個人のデータブック〕

第6章

「仕事の手仕舞い」と「ハッピーリタイヤ」を考える

　事業承継を支援する事業承継士の立場からいわせていただけば，大幅に増加している「廃業・清算」から，目をそらすことはできません。

　現場で相談をお受けしていると，ほぼ2割程度の方が，「自分の代で会社をたたみたい」とお話しになります。その表情は決して幸せではありません。どちらかといえば，「仕方がないから，やめる」という苦渋の選択に思えるのです。

　さらに深くお話を伺うと，「あまり儲からないから」，「後継者が居ないし」，「だれにも迷惑をかけないで済むうちに」，「ひっそりと静かに片づけるのが良いね」などと，どれも否定的な響きです。

　ところが，実際の情報を数字で集め，決算書などを拝見すると，「やめるには惜しいなぁ」という，収益の上がっている会社もあります。

　また，今は赤字だとしても，過去からの「顧客や伝統やブランド」，つまり会社の持つ「目に見えない価値・技術や，存在理由」があるのです。

　本人としては，当社には価値がないと思っている仕事でも，広く社会を見

参考資料：「仕事の手仕舞いノート」事業承継センター（株）

事業承継とは次の世代に活かす「企業のリサイクル」

①企業家マインドを活かす ②人材を活かす ③知恵や経験を活かす
④設備や機械を活かす ⑤地域性を活かす

わたせば，実際に他の方の役に立つものも，たくさんあります。

また，他社にとっては「のどから手が出るほど必要」な，「ノウハウや仕事の仕組み」もあるのです。

ここでは，私たちが作り上げた，「仕事の手仕舞い。ハッピーリタイヤノート」を使いながら，もう一度だけ，やめることを再考してみたいと思います。

この分野は，「M&A」とか，「事業譲渡・営業譲渡」，「会社分割」，「不動産賃貸業への転換」などの項目と連動していますので，他のページもご覧になりながら，考えを整理してください。

年間3万社が廃業する時代です！
何から手を付けてよいか迷っているうちに，時間がドンドン過ぎてしまいます。
さあ，勇気を出して次の一歩を踏み出しましょう！

「永い間，本当にお疲れ様でした。」

　経営の重責に耐えて，今日まで頑張って来られたあなたの，経営者としての肩の荷を降ろしてください。気楽な引退へ向かうための道案内を，「仕事の手仕舞い」にまとめました。

　あなたの人生の一区切りを付けるために，この「ハッピーリタイヤノート」に向かって，ご自分の心の内を書き出してください。文字に置き換えることで頭が整理され，次の一歩を踏み出す勇気が湧いてきます。

　腹が決まったら，肝を据えて「仕事の手仕舞い」を整えましょう。人に迷惑をかけないで，キレイな引退を作り出しましょう。

はじめに

　お仕事をやめるのは，「新しい人生」へ向かうための区切りを付けることです。「社長」としての永い時間を過ごしてきた方が，普通の人に戻る瞬間です。後ろ髪を引かれることも多いと思いますが，思い切りよく飛び出しましょう！

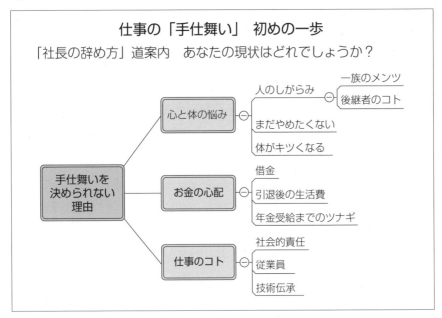

第1節 迷いを断つ！　不退転の撤退戦略へ
──早めの決断が何よりも重要

　何を迷っているのでしょうか？
　経営者としての自分と向き合い，本音で心の声を探してください。答えはすでに，あなたの中にあるのです。
　それを言葉で言えないだけでは？
　思い切って本音を言ってください！　誰かに見せるものではありません。もう一人のご自分と対決するために必要なのです。
　迷いを断ち切る「本音の言い訳リスト」を作りましょう。
　「私のせいで，こうなった訳ではないのに…」
　心の底にある責任問題に終止符を打ち，自分自身で納得のできる「手仕舞いの理由」を発見しましょう。
　錦の御旗がなければ，厳しい最終局面を乗り越えられませんから。心が折れないように，過去の自分と向き合う勇気を持ってください。

・若いときは誰でも理想に燃えて創業したはずなのに，いつの間にか歳をとって世間から遅れている自分を再発見した。
　身体さえ元気なら，もっと働けたはずなのに。
・バブル前にはとても順調だったのに，あの不動産投資さえなしければ，こんな状況にはならなかった。
・リーマンショックで会社がおかしくなった，私のせいじゃないよ！
・震災や天変地異で不可抗力の，防ぎようがない事故だった。まさかあんな震災が来るなんて。
・あいつを信じたばかりに，だまされた私が悪いのか。三方良しを信条に，世間に悪人は居ないと思っていたが，連帯保証人として厳しい追及を受けてしまった。

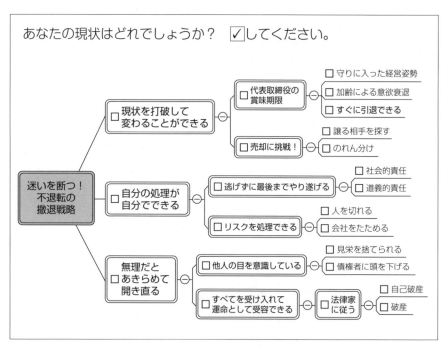

チャートを眺めて、自分の心に近い文字が見つかりましたか？
それをヒントに、今後の身の振り方を考えてみましょう。
あなたの取るべき戦略を次から選んで書いてみましょう。

	戦　略	内　容
A	事業承継に挑戦する	今までできなかった、後継者や売却先を探しましょう。「のれん分け」は、できませんか？
B	元気なうちに会社をたたむ	なかなか踏ん切りがつかなかった「手仕舞い」を実行するときが見えてきませんか？
C	法的な処理に向かいたい	借金も多く首が回らない状況なので・・・、仕事の成長も見込めない。お先真っ暗。
D	死ぬまで現役で働き続ける	理想的なピンピンコロリをめざして、自分一人でできる範囲に仕事を絞り込む。誰にも迷惑が掛からないようにして、自分のリズムで働く。自己完結型を目指す。

情報整理は正確な数字から——情報整理に必要なデータはどこにありますか？

やめてしまうには惜しい会社も，たくさんあります。

あきらめる前に，もう一度だけ可能性を探してください。

すこしでも生き残る要素が見つかったら，事業承継士に相談しましょう。

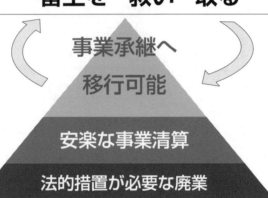

	正確な数字で把握する	○×▲	継続可能性の判断とその根拠資料
1	営業利益が出ているか 本業での儲けがあるか 受注が増えているか 将来が明るいか		
2	関係者の支援があるか 取引先が待っているか 地元の支持があるか		
3	残すべき資産があるか 不動産は賃貸可能か 特許やのれんはあるか		

第3節 もう一度立ち上がれ！──最後の力を振り絞って片づけよう

＜第二の人生プラン＞

自分で作るリタイヤ計画表，時期の明確化，締切日の設定，から始めます。

第5章でご説明した事業承継計画表の最終ページを作ります。

苦しいでしょうが，現状を見つめ直して，ダメなモノはダメです。

使えるものは，リサイクルへ回しましょう。

会社分割も視野に入れて，せっかく作り上げたものを「無に帰す」ことはないように！

自分で造る！　リタイヤ計画表の作成手順
1．締切日を決める
2．事業承継士と相談
3．会社の現実を確認
4．一族への説明
5．外部への発表

第4節 最後の砦　味方を増やす「家族会議」──株主総会の準備に代えて

一生懸命働いた証が退職金です。

勤務年数×報酬月額×功績倍率2～5倍

都内の平均で約5千万円。大きく取るところでは，中小企業でも4億円の例もあります。

さらに、会社をたたむとなれば、残余財産の分配が必要です。こうした財産は、妻や子どもたちの相続財産＝「夢と希望」でもあります。

その帰趨を決める、生前贈与、分割協議を形にするのです。

争族にならないよう、家族の意思統一を図るのが、家族会議ですが、とりわけ配偶者との話し合いが大切です。一方的な決めつけは危険ですので、シナリオを作り事業承継士と相談しましょう。

・法定相続人と限定承認、保証人と担保の話しは、キチンと説明します。
家系図と株主名簿は、不可欠。
「法定相続人は、黙っていればあなたの負の遺産も継ぐことになります。それでいいのでしょうか？ 亡くなった後に恨まれるのは嫌ですよね。」

相続の三つの方法を再確認します。

① 単純承認

相続人が被相続人の権利・義務をすべて引き継ぐ

⇒ 何もしなければコレ、自動的になります。

② 相続放棄

相続人が被相続人の権利・義務を引継がない（最初から相続人でなかったことになる）

⇒ 各自単独で可能です。

③ 限定承認

相続人が被相続人の権利・義務のうちプラス財産の範囲内で負債を支払い、プラス財産が残っていれば、それを相続する

⇒ 相続人全員でないとダメです。

家系図を作ろう・・・・〔☞第8章・P226・227参照〕

第5節 お金に換えられるならトコトン売ろう！

分割して，お金に換えられるものはありますか？
　とくに顧客の個人情報が重要で，目に見えない価値を探しましょう。はじめにトライするのは当社の役員・従業員への「のれん分け」です。全株売却ではく，「価値のある／必要とされる部分」を切り売りします。
「のれん分け」とは，愛情を分け与えることです。営業譲渡とは，買い手の必要部分のみの売却になります。

従業員への委譲の場合の手順は，次のように行われる。
決断力こそ，すべてのスタート

1	過去を振り返るのをやめて，腹を決める	根回し。ストーリー，錦の御旗を探す
2	家族の承認を得る。相続権の問題となり，財産の遺贈部分が会社株式の分だけ減ることになる。また，後継者に一族からの適任者が居ないか，最終確認となる	家族会議
3	後継者候補へ，いつからどのようなスケジュールで自社株式の移転を行うか，現経営者の退任スケジュールとの確認が必要	後継者の承諾と後継者の親族の応援がもらえるか
4	現経営者の退職金額の決定。土地建物の処理方法の検討	第二の人生設計
5	株価算定と退職金のバランスを検討	株価算定とトータルの所得税
6	売買契約書の完成	価格の妥当性。両者の合意
7	後継者の新経営計画の支援＝金融機関への報告義務	返済計画とキャッシュフロー

第6節 廃業コスト——「手仕舞い」のための「お金」のことです

① 金融機関等への対応
② 資産処分と負債整理
③ 個人資産・事業用資産の区分が必要

法定償却

「廃業するにもお金がかかるって知っていました？」〔☞P167参照〕

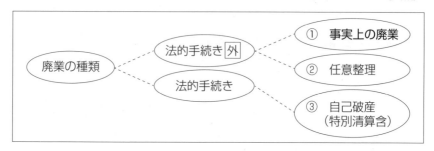

① 事実上の廃業

ある日を境に商売をやめることです。最も簡単な事実上の廃業です。

下記をチェックしてすべてがYESに当てはまれば，この方法を取れます。もし，一つでもNOがあれば，②または③も検討しましょう。

□ 借入金を一括返済できるか（社長個人も合わせればカバーできるか）	YES NO
□ 取引先との契約解除がスムーズにいくか（違約金が発生する場合もあり）	YES NO
□ 買掛金の支払いは社長が処理できる件数と金額か	YES NO
□ 売掛金の回収は時間がかからないか，全額回収できるか	YES NO
□ リース物件の返還や買取りは可能か（中途解約できない場合は損害金が発生する場合も）	YES NO

□ 従業員退職金を支給する原資があるか（支給できないと訴訟の可能性も）　YES　NO

　※　固定資産売却益が予想外にたくさん出た場合には役員退職金支給も検討

② 任意整理

　専門家を活用するか，あるいは自らが主体になって債務者と話し合うことも可能です。（ただし，自己流の任意整理では，代表者個人の免責を受けられないリスクもあるので注意！）

任意整理ができるかどうかのポイント

会社

①資産	②負債
現預金，売掛金，受取手形，在庫，土地建物，機械工具，什器備品，貸付金，自動車，保険etc…	借入金，買掛金，支払手形，リース，支払給与，未払保険金／年金，未払税金

個人

③財産	④借金
現預金，土地建物，株式，自動車，保険（※会社名義か個人名義かに注意！）	会社への保証，その他の連帯保証，個人的な借入金

⑤収入
その後に働いた現金収入

①＞②であれば任意整理が可能
①＜②の場合でも，①＋③＞②＋④であれば任意整理が可能
①＋③＜②＋④の場合でも，①＋③＋⑤＞②＋④から返済できるなら任意整理が可能

③ 自己破産

　支払不能または債務超過の場合に行う。弁護士に依頼して裁判所に自己破産の申立てを行う。

　（裁判所に納める予納金と弁護士費用がかかるので負債総額が会社規模

により75〜300万円が目安）

届出一覧表　事業承継士への依頼方法
廃業に必要な手続き（法人・個人）

　　税務署，法務局，各種届出等（必要な専門家）社会保険労務士，弁護士，事業承継士

区分	届出内容	届出先	時期
税務	異動届出書（解散の届出）	所轄税務署，都道府県税事務所，市町村役所	解散後遅滞なく
	異動届出書（清算完了の届出）		清算完了後遅滞なく
	給与支払事務所の廃止届出書	所轄税務署	
	消費税事業廃止届		
雇用保険	雇用保険適用事業所廃止届	ハローワーク	事業所を廃止した日の翌日から10日以内
	雇用保険被保険者資格喪失届		
	離職証明書		廃止届出と同時かそれ以降
社会保険	健康保険・厚生年金保険被保険者喪失届	年金事務所	事業廃止（解散），休止（休業）した日から5日以内
	適用事業所全喪届		
	健康保険任意継続被保険者資格取得申出書	被保険者の住所地の協会けんぽ（全国健康保険協会）など	資格喪失日から20日以内
労働保険	労働保険確定保険料申告書	労働基準監督署	事業所を廃止した日の翌日から50日以内
	労働保険料還付請求		
許認可	廃業の届出	所轄行政機関（飲食店など保健所など）	行政機関によって異なるが，廃業後速やかに
商工会，業界団体など	退会届など	各加入団体	廃業後速やかに

費用の目安 (2017年 東京都内の一例)

項　　目		費　用
登記費用	解 散 登 記	30,000円
	清算人選任登記	9,000円
	清算完了登記	2,000円
登記簿謄本（2通）		1,200円
印鑑証明書		450円
官報広告料（11行の場合）		31,394円
合　　計		74,044円

事業承継士への依頼は，月額顧問方式とプロジェクト方式があります。

事業承継士による有料相談会

・日時　毎週　火・金曜日　13：00～20：00　事前予約制
・費用　1回1時間　1万円（税別）
・会場　弊社会議室
・お申し込み　事業承継センター株式会社　☎03-5408-5506

第7章

経営承継円滑化法

 法律の活用方法

経営承継円滑化法は，次の三つの柱から成り立っています。

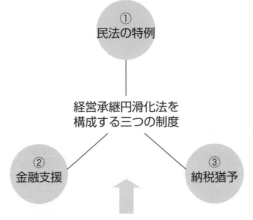

平成20年10月1日に施行された「経営承継円滑化法」は，中小企業の事業承継のための最新の施策です。

　農地並みの，相続税と贈与税からの保護を目指していますが，富裕者の優遇策とならないように，いくつかの適用要件が求められています。

　一方で，税理士・公認会計士の方々からは「使いにくい」「わかりにく

い」との指摘もあります。しかし，その後の2度にわたる法律改正で，かなり使い勝手のよいものとなってきました。

とは言え，各都道府県の窓口で，「経済産業大臣の認定」を受け，さらに所轄税務署に「納税猶予制度を適用申請・申告」を行うという，面倒なステップが必要です。

また，場合によっては，中小企業庁および家庭裁判所，さらには日本政策金融公庫などへも行かなければなりません。

しかし，日ごろから中小零細企業の事業承継支援を行う事業承継士から見てみると，事業承継を円滑化するための，こんなにありがたい決め手はないといえます。

とくに事業承継の半分以上を占める親族間のケースでは，納税猶予と株式の分散防止の両面から，実に有効な施策です。

以下には，利用にあたっての注意点をまとめていますので，ご自分の状況と照らし合わせて，可能であるならば，すぐに申請への準備を進めることが必要です。

ただし，申請書類の量，複雑さ，時間コストが膨大となるため，事業承継士へ依頼することをお勧めします。

法の対象となる中小企業者の範囲

中小企業基本法上の中小企業者の定義

	資本金	または	従業員数
製造業その他	3億円以下		300人以下
卸売業	1億円以下		100人以下
小売業	5千万円以下		50人以下
サービス業			100人以下

政令により範囲を拡大した業種（灰色部分を拡大）

	資本金	または	従業員数
ゴム製品製造業（自動車または航空機用タイヤおよびチューブ製造業ならびに工業用ベルト製造業を除く）	3億円以下		900人以下
ソフトウェア・情報処理サービス業	3億円以下		300人以下
旅館業	5千万円以下		200人以下

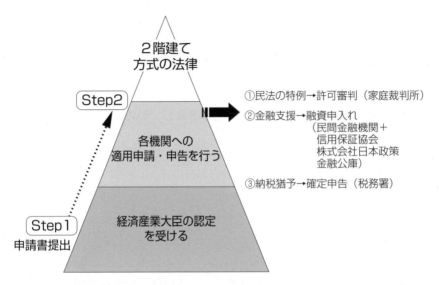

【注意】適用には多くの例外規定があります。図は単純化のために特例などの詳細を除きました。以下の文章も省略があります。実行にあたっては，必ず事業承継士などの専門家にお尋ねください。

① 法律の概要

発行済株式の３分の２以下までの株式に係る相続税の80％（贈与税は100％）が納税猶予される。

1. 中小企業であること（前表の「定義」を参照）
2. 従業員の５年間平均で80％以上の雇用を守ること
3. 事業を最低でも５年間継続すること
4. 株式を保有し続け，かつ代表者でいること（１株でも売却してはいけない）
5. 資産管理会社・不動産賃貸業・性風俗営業ではないこと（またはならないこと）

② 共通する適用条件
(1) 先代経営者の要件
　　○事業承継計画表を作成し事前に事業継承の準備を行っていること
　　○会社の代表者であったこと
　　○同族関係者と合わせて株の50％超を所有していること
　　○同族内で筆頭株主であること

＜贈与税の特例を受ける場合は＞
　　○代表権を降りること（取締役として残るのは可）

(2) 後継者の要件
　　○相続開始の直前に役員であったこと（被相続人が60歳未満で死亡した場合を除く）
　　○相続開始から５か月を経過した時に会社の代表権を有していたこと
　　○同族関係者と合わせて株の50％超を所有することになること

＜贈与税の特例を受ける場合は＞
　　○20歳以上であること
　　○取締役就任から３年以上経過していること

【問合せ先―１】
経済産業省　中小企業庁　事業環境部　財務課
住所　〒100-8921　東京都千代田区霞ヶ関１－３－１
電話　03-3501-5830（直通）
各経済産業局　中小企業課

【問合せ先―2】
各経済産業局　中小企業課

部　局　名	電話番号	住　　所
北海道経済産業局　産業部　中小企業課	011-709-2311（代表）	〒060-0808　北海道札幌市北区北8条西2丁目　札幌第1合同庁舎
東北経済産業局　産業部　中小企業課	022-263-1111（代表）	〒980-8403　宮城県仙台市青葉区本町3-3-1　仙台合同庁舎
関東経済産業局　産業部　中小企業課	048-600-0321（直通）	〒330-9715　埼玉県さいたま市中央区新都心1-1　さいたま新都心合同庁舎1号館
中部経済産業局　産業部　中小企業課	052-951-2748（直通）	〒460-8510　愛知県名古屋市中区三の丸2-5-2
近畿経済産業局　産業部　中小企業課	06-6966-6000（代表）	〒540-8535　大阪府大阪市中央区大手前1-5-44
中国経済産業局　産業部　中小企業課	082-224-5661（直通）	〒730-8531　広島県広島市中区八丁堀6-30　広島合同庁舎2号館
四国経済産業局　産業部　中小企業課	087-811-8900（代表）	〒760-8512　香川県高松市サンポート3-33　高松サンポート合同庁舎
九州経済産業局　産業部　中小企業課	092-482-5447（直通）	〒812-8546　福岡県福岡市博多区博多駅東2-11-1　福岡合同庁舎本館
沖縄総合事務局　経済産業部　中小企業課	098-866-1755（直通）	〒900-0006　沖縄県那覇市おもろまち2-1-1　那覇第2地方合同庁舎2号館

※　ただし，平成29年4月より申請の窓口は各都道府県へ移管されていますので，注意してください。

第7章　経営承継円滑化法

③ 経営承継円滑化法には3つの顔がある

経営承継円滑化法は，一定の条件に当てはまる場合には，次のメリットが得られます。

- ○事業承継税制……贈与税の全額・相続税の80％が納税猶予（いずれも発行済株式の2／3まで）
- ○民法の特例……株式および事業資産の固定または除外合意が可能
- ○金融支援……株式取得資金・納税資金など事業承継に係わる資金融資

それでは，具体的な適応条件を検証しましょう。

この法律は，三つのメリットがありますが，バラバラに使うことも可能です。

使われる場面としては，次のものが考えられます。

【1】 親子……親族内の承継

①親 → 子への承継，②親 → 娘婿などの義理の子供へ，③親 → 甥・姪，いとこ・ハトコなどの遠縁へ，④親 → 妻，兄弟などの同世代へ

【2】 他人……従業員・ヘッドハントなど

M&Aや営業譲渡，企業分割などでは，活用することはないと考えられます。

※ 2015（平成27）年の法律改正により，6等親以内が緩和され，他人への承継でも使えるようになりました。

【2】の他人（従業員）が会社を買収するときには，多額の資金が一時的に必要となる場合があります。また，債務保証の差し替えが困難であるとか，金融機関の協力が得にくい場合なども想定されます。

そのような場合には，最後まで金融機関が渋るようなら，「経済産業大臣の金融支援のための認定」を受け，「事業活動の継続に支障の出ている」＋「中小企業」＋「会社・個人」として，次の支援を活用します。

> ① 中小企業信用保険法の特例を申請
> ＜民間金融機関＋信用保証協会による融資実行＞
> 　信用保険の別枠の創出……株式・事業用資産の買い取り資金
> 　事業承継の混乱を収めるための事業資金
> ② 株式会社日本政策金融公庫法・沖縄振興開発金融公庫法の特例を活用
> 　代表者個人への融資……特別の低金利を適用
> 　法人の自社株購入資金…事業承継資金の制度融資

　以上のように経営承継円滑化法を活用するにあたっては，事前に十分な準備が必要なことが，おわかりいただけたと思います。

　しかし，この判断を，親が亡くなった悲しみと混乱の中で，たった2か月間で故人の準確定申告を行い，3か月間で相続放棄の判断という重要な，態度を決めなければならないというのは，余りにも酷です。

　しかも，あっという間に相続税の納付期限の10か月が来ます。

　こんなドタバタ劇が全国いたるところで繰り返されているのが現実です。遺族には悲しみを癒す時間も，故人との別れを慈しむ時間も与えられていないのです。

　会社経営は待ったなしで，日々の決裁を求めてきます。会社は動き続けますから，代表が不在のままでは従業員も落ち着きません。

　ここに至って，いかに事業承継が事前から準備されるべきものであるのか，おわかりいただけたと思います。

　何の準備もせずに，成り行きで，そのうち何とか……そんな風に甘い考えで過ごしている経営者や後継者は，事業承継の前にやって来る，事業継続リスクへの備えも，おろそかなのではないでしょうか？

『経営者とは，常に未来を見据え，先回りして経営を行う者です。』
この本を手に取った，今が絶妙のタイミングです。

すぐに事業承継士の意見を聞き，事業承継計画表を作りましょう。

次の雛形を埋めていけば，誰でも簡単に作成することができます。

事業承継計画表の作り方

この記入例は現社長からの，後継者への贈り物です
次世代の未来を託す挑戦者へのエールです
現実を見据えて，ノートに書き込んだ資料から作り上げてください
何度も書き直してください
期間も自由です。最長3年でも十分ですね。
チェックリストを見ながら，考えてください

分類		具体例	担当	実行済	実行時期 1年目	2年目	3年目
①ハッピーリタイアメントに向けた準備							
引退する側が行うこと	退職金（節税の決定打）	退職金規程の制定					
		議事録の整備（過去の功績記録，規程の制定）					
		適正退職金の算定　●積立て開始					
		退職金の支払い実行					
	趣味・生きがいの計画	海外旅行，温泉					
	仕事のやりがい確保	役割と位置づけ・スペースの確保					
	生活費の確保	非常勤に就任					
②会社所有権の移転と家族内での合意形成							
	家族会議	遺産の配分を検討					
		家族内の話合い					
		遺言書の作成　●突然死亡対策					
		同意書作成					
	会社資産の一本化	後継者候補へ株式集中					
	後継者への譲渡実行	支払い計画の作成＜分割＞					
	後継者への株式移動	いつどのくらい株を渡すか					
③経営の承継							
	経営理念・方針	儲かる仕組み・業務フローの文書化，規程化およびルール作り					
		記録文書の整備					
	今後の事業計画	次世代プロジェクトチームのメンバー選出					
		事業計画の策定による会社の見える化					
	後継者指名，社内外への発表	発表のタイミング，挨拶回りの時期，代表者交代の時期検討					
		社外ネットワークの引継ぎ					
		銀行への協力要請（担保・保証人の交渉）					

	社長の妻の引退設計	財務／経理の引継ぎ（人材の選定）					
	未婚対応	嫁探し・婿探し					
④プライベートの承継							
	個人関係の引き継ぎ	個人的なネットワークの引継ぎ（過去の取引先，お世話になった人，友人知人など）と関係性保持の仕掛け作り					
	最後の秘密処理	特殊交友関係の整理，婚外子の処理，養子，前妻の子など					
	未来設計図の引き渡し	人生最後の幕引きは誰がするのか					

ご自分の会社をイメージして，どうすれば後継者に思いを伝えていけるか，じっくり考えて記入してください。

事業承継センター㈱　事業承継ノート・20Pより抜粋

第7章　経営承継円滑化法

第8章

【特別付録】
統計や資料

本書で使用した各種のデータや資料は,次のとおりです。
直接お問い合わせください。(2017年7月現在)

中小企業庁
〒100-8912　東京都千代田区霞が関1-3-1
財務課　TEL:03-3501-5803　FAX:03-3501-6868
中小企業庁ホームページ　http://www.chusho.meti.go.jp/
Eメールアドレス　qqocbh@meti.go.jp

経済産業省　中小企業庁	http://www.chusho.meti.go.jp/zaimu/shoukei/
中小企業庁「知的資産経営」ポータルサイト	http://www.meti.go.jp/policy/intellectual_assets/index.html
中小企業経営承継円滑化法申請マニュアル	http://www.chusho.meti.go.jp/zaimu/shoukei/2014/141217Yoshiki.htm
事業承継ガイドライン	http://www.chusho.meti.go.jp/zaimu/shoukei/2016/161205shoukei1.pdf
独立行政法人中小企業基盤整備機構(略称:中小機構)	http://www.smrj.go.jp/ (http://www.smrj.go.jp/keiei/jigyoushokei) 〒105-8453　東京都港区虎ノ門3-5-1　虎ノ門37森ビル 電話:03-3433-8811(代表)
日本政策金融公庫	http://www.jfc.go.jp/
沖縄振興開発金融公庫	http://www.okinawakouko.go.jp/
全国信用保証協会連合会	http://www.zenshinhoren.or.jp/others/nearest.html
日本商工会議所	http://www.tokyo-cci.or.jp/index.html
税制改正のポイント	http://www.chusho.meti.go.jp/zaimu/zeisei/2016/161216ZeiseiKaisei.htm

〔注〕　個別に出典が明記されない場合は,中小企業庁ホームページによります。

◎事業承継を完成に導くプランニングシート例

事業承継にのぞむ事前準備「決断シート」

決断の プロセス	現経営者	後継者A 親族	後継者B 他人	M&A 営業譲渡	廃業
背景	事業の陰に潜む危機に気づく	いよいよその時が来た 私の出番だ 新しい時代を受けて！	業界の先行き不安。環境変化の波及	正確な企業の見える化ができるか？	社会的義務 同族の掟
不安点	年齢と健康・残された寿命 税金の支払い	自信がない 経営能力への不安感	押し付けられたのか？ 不安。疑心暗鬼。無知。準備不足	瑕疵はないか？ 買い手はいるか？	廃業コストの算定
目的	トップ独占の個人経営からの脱却 後継者の育成 事業の継続	新時代の若さを武器に、業務改革！ 債務保証の引き継ぎ	雇用維持 社会的義務感 もったいない 金のなる木	現金化 事業を生かす道を探る ブランドや名前は？	整理
決断	経営者層の育成と権限委譲 グループ指導体制へ 事業承継計画の立案	事業を引き受け、親の世代を背負う覚悟をする 墓守も含んでいる	経営者になる！ 人を雇う側になる	会社分割 切り売りも辞さず 感傷を捨てる	割り切りができるか
生まれ変わることへの決意	結果オーライの、成り行き経営から事業計画を持ち将来を見据える科学的運営へ	親族だから当然と考えない 新しい経営者像を求めて	給与生活者から、結果責任で報酬を得る経営者になる	持たないことの身軽さ、寂しさ	自己破産の危険は？
何を捨てるのか？	情と勘に頼る経験優先の経営からの脱皮 何でもやる社長ではなく、疑いと決断と信認をする社長への変身	子どもとしての甘えを捨てる 受け継ぐ者の宿命を受け入れ経営者として生きる決心をする	安定 守られた存在 雇用保険も組合もない	伝統・プライド 生きざま 引き継いだ者の責任	事業そのもの相続財産
タイムスケジュール	今年を改革のスタートとし 3年計画で目標達成を行うキックオフ			第三者評価を急ぐ	契約の日時まで
実行計画	今この日から始めよう！			相手のタイミングを見る	他人のスケジュールで

事業承継計画表を作る前に確認すべきこと

・ハードな事業承継の整理シート（自社の情報を確認しましょう）

1	業種・業態	経営承継円滑化法の適用可否	不動産・資産管理会社・風営法は除く
2	従業員数		企業のサイズチェック→［P210］
3	資　本　金		
4	後継者役職と就任時期		3年間〜の実務経験
5	株式保有比率		グループで1／2以上＆筆頭株主
6	株主名簿	家族会議の準備	二次相続による分散防止と争族防止
7	相続者家系図		
8	環境分析		
9	現代表者年齢	時間の整理	引退後の生活確保
10	後継者年齢		事業承継計画の年数
11	業績見通し	資金の確保	不況と赤字決算の活用
12	株価概算		平均で5〜20倍？　事実把握
13	株式購入・納税資金		個人で？　企業で？
14	顧問税理士との関係	相続税支払い準備	今後も後継者と一緒に歩ける年齢か？
15	個人との分離状況		事業用資産の散逸防止

【A】

経営承継円滑化法の利用とハードの事業承継計画表

プロジェクト名	事業承継 計画表	開始日	完了予定日	プロジェクト責任者	作成者	作成日
	株式会社					

	作業内容			内容	具体的事項
	開始	終了	担当		
現経営者	会社資産の把握（株価算定・現在価値）	← 家族会議 → 計画申請認定		決算書2期分の精算	純資産方式による算定
				固定資産台帳の精算	路線価との整合性
	事業承継計画書の作成・認定申請			負債部分との調合	役所等への提出
	納税方針の決定			顧問税理士との協働	経営診断と分析
	暦年贈与、相続時・括算の選択				税額の仮算定
	個人資産の把握・現在価値の算定				有利な方法の選択
					簿価の現在価値への転換
	遺産相続人と分配内容の決定				含み資産の計算
				株式移転計画書	会社と個人の資産分類
	引退後の生活設計 資金計画			法定相続人の確定	遺言書の作成
				個人資産への移転	会社からの給与
			代表取締役退任・会長就任	退職金	不動産の処置
後継者	株主総会開催				退職慰労金の見直し
	取締役に就任・3年間の実績1/2以上の所有を計画表に記載			取締役規定	不動産の個人への移転等
				重要資産の処分	贈与税対策
				自社株の移転登記	資金確保
				代表取締役に就任	雇用の80%ルール
	従業員対策			従業員台帳の整備	就業規則の確認と改訂
	新事業計画の策定			・幹部人選	研修計画・予算策定
専門家	事業承継計画表の作成	← 役所等提出		事業診断士による進捗状況のチェック	専門家によるその時ごとのアドバイス
	現経営者へのアドバイス				
	後継者へのアドバイス				
	新事業計画の策定を支援				

B

ソフトな経営資源の事業承継計画表

プロジェクト名	開始日	完了予定日	プロジェクト責任者	作成者	作成日
事業承継　計画表					

役割	作業内容	開始日	終了担当	新年度への展開	内容	具体的事項
現社長	自分自身の意思確認と現状分析				気づきと現状分析	文字に置き換える
					振り返りと学習	自分史・社史の作成
	後継者と家族の意思確認				家族会議の準備	承継宣言
	利害のある一族の調整				利害関係者の調整①	家系図作成
					利害関係者の調整②	遺産相続の明文化
	分家・親戚への説明				一族傍系レベルの調整	遺留分放棄での株式散逸を防ぐ
						代襲相続での現金を準備
	外部への連絡と説明				利害関係者の調整③	買取先の信用・条件の維持
					外部利害関係者の調整	取引先の信用・条件の維持
専門家	締切日の設定				引退の日付を明記	100年後の創業記念日に引退
	計画表の作成とアドバイス				進捗状況のチェック	寄り添い伴走する相談相手
	事業診断士				経営アドバイス	生涯付き合えるコンサルタント
	事業承継の基本設計と研修計画				事業承継カリキュラム	後継者の良さを教師役
	腹を決める心構えを造る				継ぐ本質の見える化	親が言いにくいことを伝える
後継者	身体で学び、教えを受け取る				あいさつ回りの説得開始	礼儀作法の研修
	取引条件・与信の継続				社内での説得開始	社内組織化・人材把握ノウハウ
	信頼感の醸成				先代との同行挨拶	社員総会の開催
	自分の仕事に必要な経営ビジョンの策定				外部のキーマン確認	人脈の引き継ぎ
	新時代の経営ビジョンと決意と訓練				関係資産の広導	新時代に合わせた経営革新
	代々の墓守になる決意と訓練				新事業計画の策定	後継者が中心になり自立的に
	新たなるネットワークの形成				右腕の選定	さらに次の世代へ100年企業
					経営者の思いを形に	補佐役の育成
					家を継ぐ準備	永続企業へのビジョン
					独自の人脈造り	老舗としての信頼感

矢印：家族会議 → 社員総会／後継者発表式 → あいさつ回り

【特別付録】統計や資料

一族の合意を作る家族会議シート

家族会議を株主総会に代わる存在として位置づける

○自分で処理すべきこと
◇後継者に託すこと

A1	家族会議	○と◇	A：構想中　B：着手　C：内容吟味中
1	開催前の資料整理		
	A2　会社資料整理シート		
	A3　個人のデータブック		
	B1　備忘録		
	B2　会社美化の記録		
2	家系図の作成		持ち株比率を記入 相続後の予想シェア1／2以上に！
3	家族会議の目的の明確化		①後継者，②タイミング，③合意形成
4	家族会議の式次第		だれが，何を目的として どのように会を運営するのか？ 参加者全員が仲良く話せるか？
5	参加メンバーの選定と招集		
6	家族会議での役割分担		
7	結論を文書で残す		
	・記録＝議事録の作成		
	・署名捺印＝全参加者の確認印		○法定遺留分の除外
	・証拠保全＝文書の散逸防止		
8	次回開催予定日へ定例化		・誕生日や法事に合わせて

解　説	毎期の決算書の最終ページに綴じ込んで保存するのもよい
家族会議の式次第	取締役会や株主総会と同じ要領で。学級会の雰囲気でもよい
参加メンバー	実子以外に妻や夫も，参与人として外部専門家を入れてもよい
役割分担	議長と書記は必ず選任する
開催日程	何かの記念日がよい。創立記念日，誕生日，還暦の日など
結　　論	だれを後継者にするのか？いつ継ぐのか？具体的に
次回予定	今後も定期的に開催することを宣言し情報の共有化を行う

家族会議で作る合意書

・事業承継円滑化法の申請に必要です

民法特例の合意書の記載事項

合意書には，必ず記載しなければならない事項と必要に応じて記載する事項があります。

必ず記載しなければならない事項	必要に応じて記載する事項
① 合意が会社の経営の承継の円滑化を図ることを目的とすること ② 後継者が経営者からの贈与等により取得した自社の株式について ・遺留分算定の基礎財産から除外する旨 ・遺留分算定の基礎財産に算入すべき額を固定する旨 ③ 次の場合に非後継者がとり得る措置 ・後継者が②の合意の対象とした自社株式を処分した場合 ・後継者が経営者の生存中に代表者を退任した場合	④ 後継者が経営者からの贈与等により取得した自社株式以外の財産（事業用資産など）を遺留分算定の基礎財産から除外する旨 ⑤ 推定相続人間の平衡を図るための措置 ⑥ 非後継者が経営者からの贈与等により取得した財産を遺留分算定の基礎財産から除外する旨

家系図の参考例①

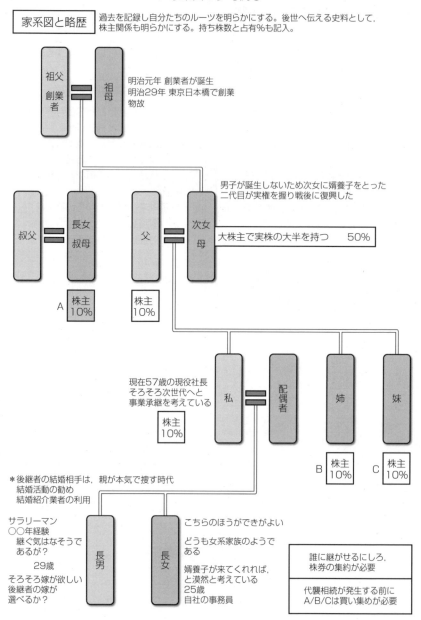

家系図の参考例②

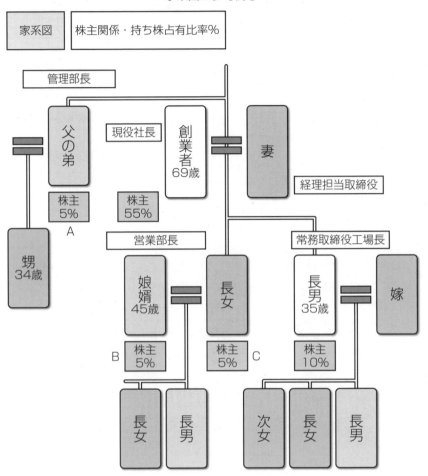

会社情報の見える化シート

	会社の資料整理			○は自分で作り　◇は後継者に作らせるもの	
	項目	見出し	小見出し	○と◇	内容・コメント
情報源	会社案内				
	ホームページ				
	株主名簿				親族と他人を分類シェアを明示
決算書	最低3期分	業績の推移	決算書		株式買取可能額はいくらか
	経営状況の説明	・資金繰り表	手形の動行		
		キャッシュフロー	何カ月あるか		
資産	不動産 個人と会社	自社所有	土地建物		
			本社事務所・社員寮		経営者個人所有物件の賃借
			工場・資材置き場		は契約書の作成
		賃貸・借地権	（保証金・権利金）		賃借料金の明示
			地方営業所		個人所有と分離可能か？
			駐車場		
	有価証券	上場株式・債券			
		私文書・金銭貸借証文			現在価値へ修正
		有期・有額契約書			
	知的所有権	登録商標	ブランドの由来		
		工業所有権	特許，実用新案		一覧表マニュアル化
		製　法	仕様書		
	従業員台帳	年齢別の名簿	退職金の積み立て		定年と再雇用
		社員勤続年数表	賃金テーブル		引退の時期と空洞化の防止
		在社年数一覧組織図	業務分掌規定		若手の採用と技能の伝承
	機械器具	運搬用機械	自動車		
		製造機械			減価償却と残存価値の明示
		梱包機械			（残余財産価格）
		その他機械器具			
	在　庫	原材料	外注預け品		
		商　品	工場在庫		（不在在庫の処理）
		仕掛かり品	海外在庫		換金性を明示
		資　材	輸送中		
	備品・事務用品	パソコン			
		通信機器	携帯電話		費用化する
		オフィス機器			
負債	借入金状況	金融機関リスト	担当者との口約束メモ		役員からの借入れはあるか？
		メインバンク			
		公共／公庫			
		その他借入金			親族や個人はあるか？
	証券担保負債	表に出せないもの？はないか			
		私募債			
		手形裏書	残高の明示		
		信用保証			
	個人保証	保証人として調印したもの			対個人・連帯はあるか？
		債務保証金額	年数		
			月割り返済額		（契約者のあり処を明示）
			取引行		
	物品借入	リース			
		材料			
		金型			
		研究開発費未払い分			
	その他負債	口約束で借りたもの？いつの間にかそうなったもの。役員報酬の未払いなど			
	人脈＝誰に聞けば良いか，誰に預けてあるか。キーマンの連絡先・氏名を記録する。				

現代表者の個人情報を整理するシート　　　　　　　　　　　　**事業承継Book**

	項目	見出し	小見出し	日付	内容・コメント
個人のデータブック 自分のことを書き留める…丸秘ブックで良い。しかし，いつか誰かに見られることも…					
自分史＝他人への承継では不可欠の歴史の証言	誕 生 日	父 母 配偶者 子供 孫 重要人物			
	記 念 日	父母の記念日 結婚 還暦 褒賞 忘れ得ぬ時の記憶	命日・法事の日程 行事予定	菩提寺の確認	
	学業の流れ	誕生地 学校名 学部 運動 クラブ 学外活動	同窓会の記録	キーマンの連絡先	
	社会人としての記録	入社 結婚 子供誕生	初月給の金額 初ボーナスで買ったもの 初めて買った車 新婚旅行 愛の巣 子供成長記録へ続く 病気と苦労の時もあった	自宅購入の喜び	
	創 業	現業の記録 思い立った時の気持ち 入社 初の役付き 取締役就任 自分が承継した時	親から託されたとき その時の気分	事業の沿革を語る 証言者として 記録に残す義務	
	黒字転換のとき	金額 初めての商品 その時の苦労と思い出		事業経営の喜びを形に	
	危機に瀕した時	大きな借入 在庫の山 不良品・返品 事故 不可抗力 天変地異 取引先との連鎖		回復のポイントはどこか リスクヘッジの 知恵は何か	
	立ち直りの時	きっかけ 助けてくれた人・恩人 教訓		人間関係は最大の財産	
	将来に託す夢	経営の理念 会社への思い 社員に言いたいこと			
	後継者へ贈る言葉					
	多くの人への謝辞	父・母へ 配偶者へ 後継者へ 取引先へ 社員へ			
	人は死して名を残す	企業は永遠を目指す		ソフトな経営資源	
	創業者の思いを形に	マニュアル化	企業の見える化	知的資産経営報告書	
プロに依頼して作成させる事も可能＝談話を文章にして作る。写真やカタログが実在すれば，なお良い。					
社長交代時に取引など関係者に配布する。70％は先代が書き，30％は後継者が書く。引き継ぎの記録書・会社案内を兼ねる。営業ツールとしても最適！					

【特別付録】統計や資料

相続の争いを防ぐ重要資料

備忘録の作成……相続の混乱に備えて。争族防止！　　　　　　終活Book

	自分亡き未来の設計図		A 構想中　B 着手　C 内容吟味中	
遺言状＝子供が複数なら必需	何度でも書き換え可能	公正証書にしておくと安全		弁護士・税理士・司法書士
	自分の葬儀について	個人的な願い。お別れ会 社葬とするなら……		生前予約 葬儀委員長の人選
	墓　守　り	指名するなら誰か 生前契約先		
	財産分与	誰に何を……具体的に		
		配偶者へ 子供へ 親戚縁者へ 外部へ 世話になった方へ寄付		明確にしないと遺志が生きない
	税金対策	準備していることを明確に		
		相続税の納税予想額 税金支払いの原資 現預金の現在残高 生命保険の加入状況 　　（個人受取 　　　会社受取） 年金 共済積み立てなど		

備忘録		回りも忘れやすい！		
	貴重品とお金	貸金庫の暗証番号 パスワード 隠れ家・モノ置き 内緒の貯金・へそくり		貸しガレージや貸倉庫に置いたモノ，車
	丸　　秘	趣味のこと 蔵書の処分 秘密の隠し場所 丸秘のこと		同じ趣味の人や，価値のわかる人に残さないと意味がない 本は引き取り業者へ

自分の身辺をシンプルに。重要なものをわかりやすく整理して，急な入院などにあわてない。非常持ち出しBOXなどに入れて置く。

最後にやっておくべき大仕事！現役時代の集大成！　会社の磨きあげシート

会社資産の価値向上策		○と◇	A 構想中　B 着手 C 内容吟味中
会社の磨きあげ	現経営者だからできること		隣地との境界線争い。前世代のトラブル
	先送りしてきた案件の処理		自社発行手形の廃止など
	不良債権の損切り		
	時価会計の導入		簿価の付けかえ
	経営革新計画の作成		
	顧問　事業承継士の選任		経営コンサルタントの導入
	企業診断の受診		現状と課題を発見し，対策を練る！
取引先との関係改善	難しい価格交渉		
	原価低減・仕入交渉		
	設備更新計画		
	店舗リニューアル計画		
	悪条件の回復		受取手形のファクタリング化など
	撤退戦略の道筋		引くべき道を示す
新経営計画の策定	後継者が中心に		
	新メンバーでの会社経営		幹部社員との協働
	新しい事業計画書へ		事業承継計画書とリンクする
個人保証	この機に交渉！		連名か，引き継ぎか
	条件見直し		利率，両建て
株式の処置	金庫株		
	自社株消却		
	無議決権株式		
	株主の整理		社員持株会の見直し
会社の見える化	思いを形にして残す		経営理念
	簿外の資産の明確化		ソフトな経営資源
	核となる当社の強みを文書化		儲けの仕組み
	家伝書・家訓		文字にして残す
	ビジネスモデルの明確化		
従業員	人材の流出防止		次世代との相性
	新時代の採用戦略		ベテランとの共存
	教育と研修		経営計画への折り込み
	新賃金体系		
	福利厚生		研修費の予算化
	ベテラン社員の処遇		同世代の処理

○自分で処理すべきこと
◇後継者に託すこと

不況期などを活用した，合法的な節税対策

	株価の評価を下げる要因	損益計算書と決算書に記載されている事実	節税対策
1	赤字＝不景気は事業承継チャンス	利益の短期的な減少	贈与を増やす
2	・不良在庫の評価替え ・修繕費用の計上	簿価の洗い直し＝現在価値	借入金を増やす ・経費の増加
3	未処分利益の処理	金庫株の買収・一括消却など	効果は微少
4	取締役退職金 ・生命保険の活用	退職給与引当金＝従業員 取締役は別途用意	キャッシュの流出
5	その他，当社の財産価値を下げる行為	増資・株式分割など。デットエクイティファイナンス	借入金の資本繰入
6	投資育成株式会社の活用	第三者割当増資 ・独自の株価算定基準	・大きな効果あり ・人的経営支援も可能

> 注意：代表取締役の退職金
> ・退職時の月額×在任年数×貢献倍率
> ・完全に役員から降りる必要はない
> ・代表の肩書きは外し，勤務の実態が減ること
> ・定款などに取締役退職金規定を明記すること
> ・役員報酬は半減させること
> ・土地建物，保険契約などの現物給付も可能

〔☞第4章・p157参照〕

他人へ譲る場合の手順表

・従業員への委譲の場合＜MBO実行計画＞　引き継ぎ要件表

	行 動 内 容	目　　的	利用するシート
1	後継者は部下の中から最適任者を選び，取締役への推挙を行う	後継者選定	人選力シート
2	家族の承認を得る。相続権の問題となり，財産の遺贈部分が会社株式の分だけ減ることになる。また後継者に一族からの適任者が居ないか，最終確認となる	一族の理解	家族会議シート
3	後継者候補への株式の移転スケジュール，代表の交代，退任時期を明記	締め切り設定	ハードな事業承継計画表
4	社長の退職金と土地建物の移転登記，相談役などへの就任，報酬の決定	お金と資産の移転	第二の人生設計シート
5	株価算定・売却価格の決定		株価算定シート
6	後継者の教育・人脈引き継ぎへの支援	長期的視点で企業を見守る	ソフトな事業承継計画表
7	新経営計画表の作成	新社長の初仕事	新経営計画表

事業承継と各種税務・専門家との関連表

・税務のタイミングと所轄官庁

税金の分野	アドバイスの可能な期間	税理士の関与	税務署の見解	弁護士—司法書士	中小企業診断士	事業承継士
課税対象の判断	今すぐ	○	◎			○
土地路線価評価	〃	○	◎			○
故人の確定申告	4か月以内	◎	○	△	△	△
課税の範囲		○	◎			
相続税申告期限	10か月以内	◎	○	△	△	△
遺産分割協議	家庭裁判所	△	○	◎	◎	◎
延滞金と利子税	1年	○	◎			△
相続主体の決定	10か月以内・家庭裁判所	△	◎	○	◎	◎
税の優遇策	相続時精算課税の選択が必要	◎	▲	○	△	○
納税猶予	都道府県と中小企業庁の認定必要	◎	◎	○	◎	◎
相続放棄	3か月以内・家庭裁判所	△	○	◎	△	△
納税忌避	トラブル防止の事前準備が必要	○	×	○		
重加算税		◎	×	○		

〔注〕 適正な納税のために：納税者の住所地域の税務署での相談会などに出向くことをお勧めします。

あ と が き

　私が「事業承継」に出会ったのは，40年前の夏でした。
　その時の祖父の「無念そうな顔」が，今でも忘れられません。
　このとき祖父は，後継者候補を完全に失い，廃業への決意を固めたのです。

　母の実家は，食用油の調合と販売をする，日本橋浜町の老舗でした。
　料亭や天ぷら屋には，独特のレシピに基づいた味と香り，色合い，温度の上昇度合いといった，勘と経験がものをいう「顧客別の調合」が必要でした。
　季節や湿度に合わせ，微妙なさじ加減も要求され，気難しい板前さんにも認められた，こだわりの味を作り出すことができる独特の技術でした。
　そんな，老舗「小林亀雄商店」の事業承継物語は，後継者の人選に失敗し，取込み詐欺もあり，残念な結末を迎えましたが，本書の読者には，ぜひ事業承継に成功していただきたいと願っております。

　人の一生は，本当に短いものです。
　何かを成し遂げた時には，「迫りくる老い・加齢」と時間競争となってしまうのです。
　自分はこの世から消えてしまっても，「自分の分身である会社は永遠に継続することができるのだ」と，思いが至るまで，多くの人が悶々と苦しんでいます。
　この本を手にとられたあなたなら，きっとわかっていただけると思います。

　人は死して名を残し…企業は永遠のときを得て，創業者の精神をつなぎながら，命のバトンリレーを繰り返し，未来への一直線を走り抜けるのだ

と。

　そのとき,「事業承継」のさまざまな知識と経験があれば,スムーズで美しいエクセレントカンパニーを残すことができるのです。

　本書は,「事業承継センター株式会社」の3人の取締役であり,かつ事業承継士／中小企業診断士によって書かれました。

　私たちは,実に多くの事業承継の実例に接してきました。来る日も来る日も,さまざまな案件へのチャレンジの連続です。

　そこで得た事業承継への普遍的な知恵と,リアルな解決へのヒントを一冊にまとめたのが本書です。事業承継士として日夜活躍する専門家の実務資料として役立つことでしょう。

　この本が,一人でも多くの「事業承継に迷う経営者の悩み」を解消する手助けとなることを願っております。

謝辞　多忙な私たち3人の業務の合間を縫って本書の編集を行い,最後まで完成の苦労を共にしてくださった税務経理協会の鈴木利美氏に,深い感謝の意をささげます。

　2017年　初夏
　　　事業承継士／中小企業診断士　内藤　博　金子　一徳　東條　裕一

著者紹介

事業承継センター株式会社が編纂する意味

　事業承継センター株式会社は，3名の取締役で構成されている。全員が事業承継士である。

　この資格を創設し，事業承継のノウハウをコンパクトにまとめ，11士業の専門家に伝えることを事業化した。

　我々のノウハウは，中小企業診断士として，東京商工会議所の中小企業相談センターでの経験が基礎になり，金融機関や行政からの受託につながっている。

　事業承継士のアイデアは，誰でも思いつく単純なことだが，生涯学習の一助となるカリキュラムを準備し，実務に役立つテキストにまとめ，30時間に及ぶ講義を実施するのは容易なことではない。しかも受講者は，士業の肩書を持つ専門家の諸氏諸兄である。

　私の思い付きにも似たアバウトな発案を事業化し，ツールとして定型化・商品化して普及させたのは金子一徳と東條裕一である。今後はこの両名が中心となって，事業承継士という知の世界を拡大させ，確実な版図を築いて行くことであろう。

　実家の廃業清算を目の当たりにし，事業承継支援を天職と考え，自分が獲得したノウハウと知識を後進に伝えることをミッションとする。全国での事業承継士講演会や出張事業承継相談会も重視し，金融機関・行政の職員研修講師も務める。相談現場でOJTの機会を設けては事業承継士のスキルアップを図っている。
　自分の人生設計を100年カレンダーに落とし込み，第二の人生にフォーカスする。
　1952年　横浜生まれ。モーターマガジン社に27年間勤務
　1996年　中小企業診断士登録
　2003年　独立
　高千穂大学非常勤講師・一般社団法人事業承継協会　代表理事
　　　　　　　　　　　事業承継センター株式会社　CEO
　　　　　　　　　　　　代表取締役　事業承継士　内藤　博

本書の内容へのお問い合わせは，下記までお願いいたします。
事業承継センター株式会社
〒105-0011　東京都港区芝公園3-5-8　機械振興会館
☎ 03-5408-5506　Fax 03-5408-5507
info@jigyousyoukei.co.jp

1993年慶應義塾大学卒業後，東京中小企業投資育成㈱入社。
大手コンサルティング会社を経て，独立開業。
「事業承継支援」をライフワークにし，会社法／民法といった法務，金融／保証といった金融面，株式／取締役といった権利面，土地／建物といった財務面の多方面から事業承継におけるテクニカル業務をトータルサポートしている。
2011年事業承継センター株式会社の設立に参画し，「事業承継士資格取得講座」においてメイン講師を務め，2年間で231名の卒業生を輩出。
2015年一般社団法人事業承継協会の設立に参画し，プロフェッショナル専門家に向けて常に最新の手法，情報，実例を提供するパイオニアである。著書に「いちばん優しい事業承継の本」がある。
一般社団法人事業承継協会 理事　事業承継センター株式会社 取締役COO

　　　　　　　　　　　　　事業承継士／中小企業診断士／CFP　金子　一徳

1986年大学卒業後，損害保険会社に勤務。主に営業職を経て，2003年中小企業診断士資格を取って独立。
2011年事業承継センター株式会社の設立に参画し，「後継者塾」の塾頭として7期にわたり後継者育成に携わる。後継者塾の卒業生は東京や九州，沖縄に至り344人にのぼる。（2017／6現在）
損保での営業経験を生かして「営業の仕組み化」を手がけてきた。
その手法を「経営の見える化」に活用し，中小企業の知的資産の承継を支援している。また，後継者塾にもその手法を用いて，会社のノウハウの見える化のみならず，会社の歴史や社長の意思を後継者に伝達する支援も行っている。
2014年に中小企業診断シンポジウムにて中小企業庁長官賞受賞
著書に「3か月で結果が出る18の営業ツール」「サービスの生産性を3倍高めるお客様行動学」税務経理協会がある。
事業承継センター株式会社　取締役CMO
　　　　　　　　　　　事業承継士／中小企業診断士　東條 裕一

著者との契約により検印省略

平成29年10月1日　初版第1刷発行

3人の事業承継士®が現場で見つけた秘訣集
これから事業承継に取り組むためのABC

著　者	内　藤　　　博	
	金　子　一　徳	
	東　條　裕　一	
発行者	大　坪　克　行	
印刷所	税経印刷株式会社	
製本所	牧製本印刷株式会社	

発行所	〒161-0033 東京都新宿区下落合2丁目5番13号	株式会社 税務経理協会

振　替　00190-2-187408　　電話　(03)3953-3301（編集部）
FAX　(03)3565-3391　　　　　　　(03)3953-3325（営業部）
URL　http://www.zeikei.co.jp/
乱丁・落丁の場合は，お取替えいたします。

ⓒ 内藤　博・金子一徳・東條裕一 2017　　　Printed in Japan

本書の無断複写は著作権法上での例外を除き禁じられています。複写される場合は，そのつど事前に，（社）出版者著作権管理機構（電話 03-3513-6969，FAX 03-3513-6979, e-mail : info@jcopy.or.jp）の許諾を得てください。

JCOPY ＜（社）出版者著作権管理機構 委託出版物＞

ISBN978-4-419-06484-6　C3034